insel taschenbuch 4770
Tanja Dückers
Das süße Berlin

TANJA DÜCKERS

Das süße Berlin

DIE SCHOKOLADENSEITEN DER HAUPTSTADT

Mit farbigen Fotografien
von Anton Landgraf

Insel Verlag

Folgende Abbildungen wurden zur Verfügung gestellt von:
Deutsches Technikmuseum/Henning Hattendorf (S. 104),
Celest Drosihn (S. 130), mauritius images/Arturo Cano Miño/
agefotostock (S. 145).

.

Erste Auflage 2021
insel taschenbuch 4770
Originalausgabe
© Insel Verlag Berlin 2021
Alle Rechte vorbehalten, insbesondere das der Übersetzung,
des öffentlichen Vortrags sowie der Übertragung durch
Rundfunk und Fernsehen, auch einzelner Teile.
Kein Teil des Werkes darf in irgendeiner Form
(durch Fotografie, Mikrofilm oder andere Verfahren)
ohne schriftliche Genehmigung des Verlags reproduziert
oder unter Verwendung elektronischer Systeme
verarbeitet, vervielfältigt oder verbreitet werden.
Vertrieb durch den Suhrkamp Taschenbuch Verlag
Umschlaggestaltung: buchgut, Berlin
Umschlagfoto: Manuel Krug, Berlin
Druck: Beltz Grafische Betriebe GmbH, Bad Langensalza
Printed in Germany
ISBN 978-3-458-36470-2

INHALT

Neukölln

Prenzlauer Berg – Pankow – Weißensee

Mitte – Tiergarten – Wedding

Ist Berlin süß?

Verbindet man mit Berlin nicht eher das Schräge, Verrückte, das Herbe, Saure oder gar das Bittere, als ausgerechnet das Süße? Goethe sagte bekanntlich über die Berliner: »Es lebt aber dort ein so verwegener Menschenschlag beisammen, dass man mit der Delikatesse nicht weit reicht, sondern dass man Haare auf den Zähnen haben und mitunter etwas grob sein muss, um sich über Wasser zu halten.« Klingt nicht so delikat. Vielleicht passt doch eher das Herzhafte nach Berlin? Die Currywurst soll angeblich aus der Spreemetropole stammen. Wobei auch die Hamburger diese Wurst für sich reklamieren. Wie steht es also um die süßen Seiten der Hauptstadt?

Wer in Berlin flaniert, wird feststellen, dass die Hauptstadt durchaus eine süße, verzuckerte, schokoladenbraune oder karamellfarbene, gelegentlich sogar erdbeerbonbonhafte Seite hat. Und wer sich mit Berlins Historie beschäftigt, wird erstaunt sein, welch große Rolle die Kaffeehauskultur, Schokoladen- und Pralinenmanufakturen und die edlen Patisserien in Preußen eingenommen haben. Berlin kann man bis heute getrost als Wien des Nordens bezeichnen.

Im 17. Jahrhundert erreichte die Schokolade das damalige Preußen. Natürlich blieben kakaohaltige Getränke auch hier, wie im übrigen Europa, zunächst den Kaisern und Königen, später Adeligen, vorbehalten. Der Trinkschokolade haftete stets das Image verschwenderischen, höfischen Lebens an.

Vom Volk wurde Kakao vor allem als Arzneimittel konsumiert. In Apotheken angepriesen, wurde er pur oder mit Zusätzen als Heil- und Stärkungsmittel teuer angeboten. Auch Theodor Fontane hat ihn in seiner Apotheke (im heutigen *Kunstquartier Bethanien*) verkauft. Die historische Apotheke kann man noch heute besichtigen. Ebenso die denkmalgeschützte Apotheke am Winterfeldtplatz in Schöneberg, in der heute passenderweise *Winterfeldt Schokoladen* untergebracht ist.

Ab Mitte des 19. Jahrhunderts wurde Kakao in Berlin nicht länger nur als Getränk und von Adligen auf dem Kanapee genossen oder in der Apotheke gekauft, sondern zunehmend vom neuen Bürgertum und als Tafelschokolade. 1845 stellte der Schweizer Konditor Sprüngli die erste feste Schokolade her. In England, einem Pionier der Industrialisierung, ging die erste Blockschokolade vom Band. In Deutschland wurde zunächst Dresden zum Zentrum der Schokoladenherstellung. Als der Schweizer Henry Nestlé 1867 ein Ver-

fahren zur Herstellung von Milchpulver entwickelte, war der Schritt zu Rezepturen für Milchschokolade gemacht. Das Angebot an Schokoladenprodukten boomte in der zweiten Hälfte des 19. Jahrhunderts. Markennamen wie *Stollwerck*, *Sarotti* oder *Halloren* gewannen an Bedeutung. In der Schweiz entstanden die großen Schokoladenfabriken von *Suchard*, *Toblerone*, *Lindt* und *Sprüngli*. Da Zölle und Steuern gesenkt wurden oder entfielen, wurden kakaobasierte Produkte erschwinglicher. Ferner löste die Einigung Deutschlands nach dem deutsch-französischen Krieg (1870-71) einen Gründerboom aus. Französische Reparationszahlungen und vereinfachter Handel zwischen den deutschen Ländern führten zu wirtschaftlichem Aufschwung. Der Krieg selber kam den deutschen Schokoladenproduzenten nicht ungelegen, verschwanden so doch die hochwertigen französischen Produkte für eine Weile vom Markt.

Zudem wurde die Herstellung von Schokolade durch eine agrarindustrielle Revolution kostengünstiger: Mit der Zuckerrübe erschloss sich eine neue Zucker-Quelle aus eigener Produktion. So ersparte man sich den umständlichen Import von Zuckerrohr aus den Kolonien. Für den Verzicht auf Zuckerrohr spielten damals humanitäre Aspekte weniger eine Rolle als ökonomisch-logistische (mehr darüber kann man in der sehenswerten Dauerausstellung *Alles Zucker!* im *Deutschen Technikmuseum* erfahren). Kakaobohnen wurden weiterhin aus den Kolonien importiert. Bis heute ist die Wertschöpfungskette bei vielen Schokoladenproduzenten nicht »fair«.

Immer mehr wandelte sich das Image der Schokolade hin zum begehrten Luxusprodukt. Die ersten Schokoladen- und Pralinen-Manufakturen gründeten sich in der preußischen Hauptstadt. Firmen und Betriebe wie *Erich Hamann – Bittere Schokoladen* (1912), die Pralinenmanufaktur *Sawade* (1880), die *Confiserie Reichert* (1882), die *Konditorei Buchwald* (1852), die *Walter Confiserie* (1915), *Fassbender* (1863, später mit *Rausch* fusioniert) (1918), die *Bäckerei Siebert* (1906), die *Konditorei Fester* (1926), *Aseli* (1921) oder die *Florida-Eis Manufaktur* (1927) – um nur einige Beispiele zu nennen – haben zum Teil eine weit über hundertjährige Geschichte, oft am selben Standort und oft noch in Hand der Gründerfamilie. Sie alle zeugen von einer vielgestaltigen, äußerst lebendigen Tradition des Süßen in Berlin.

Um die Jahrhundertwende war die Praline ein Trendprodukt für junge, wohlsituierte, etwas dekadente Leute, deren Leben sich irgendwo auf der Chaiselongue zwischen Ennui und Lustbarkeit abspielte – und Berlin war die Hochburg der Confiserie-Kunst.

Süße Massenware wird ebenfalls seit Langem in Berlin produziert. *Bahlsen*, *Storck* und *Stollwerck* haben hier immer noch Werke. *Sarotti* wurde 1852 in Berlin gegründet, später ging die Firma in *Stollwerck* auf.

Daneben gab es zahlreiche andere Schokoladen- und Pralinenfirmen, zum Teil mit zirkushaften Namen wie *Frisöni*, *Nizelli*, *Kynast*, *Kwieschinsky* und *Cyliax*. Die zwanziger Jahre waren in Berlin ebenso süß wie verrückt: Das Kaffeehaus übernahm zu Beginn des 20. Jahrhunderts die Rolle früherer bürgerlicher Salons. Das *Café des Westens* (vom Volksmund *Café Größenwahn* genannt), das berühmte *Romanische Café*, in dem Gottfried Benn, Erich Kästner, Else Lasker-Schüler, Bertolt Brecht, Mascha Kaleko und viele andere Literaten Stammgäste waren, das *Café Josty* (erwähnt von Erich Kästner in *Emil und die Detektive*) waren Treffpunkte der Szene – Alkohol und Kuchen wurden oft zusammen konsumiert.

Von der Herrlichkeit des Süßen wusste auch ein weltberühmter Berliner – Walter Benjamin – zu berichten: In seinem im Exil verfassten Erinnerungsbuch *Berliner Kindheit um 19hundert* beschreibt er in *Die Speisekammer* lustvoll den nächtlichen Diebstahl von Köstlichkeiten aus der elterlichen Speisekammer im Haus der Familie in Grunewald. Dies ist eine der schönsten literarischen Reflexionen über die Lust und Freude am Süßen.

Während des Zweiten Weltkriegs galt Schokolade als Luxusartikel. Ab 1939 wurde die Schokoladenproduktion stark gedrosselt, ab September 1942 war die Verarbeitung von Rohkakao verboten – außer für kriegswichtige Zwecke wie Soldatenverpflegung. Ab Januar 1944 war jegliche Süßwarenproduktion untersagt – abgesehen von staatlichen Aufträgen. 339 von 400 Betrieben der deutschen Süßwarenindustrie mussten ihre Produktion einstellen, nur wenige wurden als »kriegswichtig« eingestuft. Diese produzierten während des Zweiten Weltkriegs u. a. Schokolade, die unter der Bezeichnung *Fliegerschokolade* als Luftwaffenverpflegung der Wehrmacht verwendet wurde. *Scho-Ka-Cola*, ein Gemisch aus Schokolade mit Kaffee und Cola, galt als Wachmacher an der Front. Einige als kriegswichtig eingestufte Berliner Süßwaren-Unternehmen beschäftigten Zwangsarbeiter, darunter *Sarotti* und *Bahlsen (Bahlsens* Hauptsitz befindet sich heute zwar in Hannover, aberdasUnternehmenhatauch eine Fabrik mit Outlet in Berlin).

Die Berliner haben zum Süßen noch eine besondere historische Beziehung: Während der Luftbrücke vom 24. Juni 1948 bis 12. Mai 1949 wurden Tausende von Schokoladenpäckchen über dem Flughafen Tempelhof abgeworfen. Noch heute erzählen alte Berlinerinnen, wie gut ihnen diese Schokolade – es war *Hershey's* – geschmeckt habe.

Krieg, Nachkriegsnot und Mauerbau setzten vielen süßen Betrieben und Unternehmen in Berlin sehr zu. Für Luxus und Genuss war nicht recht Zeit und Geld vorhanden. Schokolade und andere Süßwaren wurden vor allem als industriell gefertigte Massenartikel wahrgenommen, man hatte kein Geld. Der Preisverfall war enorm. Über ethische oder ökologische Aspekte, Ausbeutung, Kinderarbeit, Monokulturen und giftige Pestizide dachte noch niemand nach. Der schwäbische Hersteller *Ritter Sport* produzierte Westdeutschlands beliebteste Schokolade. Sein Werbeslogan *Quadratisch. Praktisch. Gut* sagte viel aus über die innere Haltung der Westdeutschen gegenüber dem süßen, eigentlich ziellosen, nur sich selbst genügenden Genuss.

Immerhin überlebten einige der alten Vorkriegs-Kaffeehäuser. Das *Kranzler* und die *Möhring*-Cafés verströmten bis weit in die neunziger Jahre hinein eine etwas plüschige »Man gönnt sich jetzt wieder etwas«-Behaglichkeit.

In der DDR erlebte die Süßwarenkultur keine Höhenflüge. Manche alten Firmen konnten sich halten, wie *Hallo-*

ren (1804 in Halle gegründet). Die *VEB-Elfe-Schokoladenfabrik*, 1921 in Berlin-Weißensee als *Elfe Schokoladenfabrik* gegründet, war der größte Süßwarenhersteller in der DDR. Als Jahreshöchstproduktion (1988) des *VEB Elfe* sind 28 Millionen Tafeln überliefert worden. Da jedoch die für die Schokoladenproduktion benötigten Kakaobohnen für Valuta auf dem Weltmarkt eingekauft werden mussten, gab es frühzeitig Bestrebungen, aus einheimischen Lebensmitteln sogenannte kakaoähnliche Produkte zu entwickeln. Zuvor wurde mit Kakaoschalen experimentiert, das Ergebnis ließ viele Wünsche offen. Zumindest fiel den ostdeutschen Käufern auf, dass die Schokoladenmasse der Tafeln selten glatt gerührt war. Eher wies sie die Konsistenz von feinem Sand auf. Genauere Inhaltsangaben wurden nie veröffentlicht. 1984 hatten DDR-Chemiker einen Schokoladen-Ersatzstoff aus zerstoßenen roten Rüben gefunden. Aus erhitzten Getreidekeimen und Zucker wurde ein weiterer Ersatzstoff geschaffen. Besonders überzeugt waren die Kunden auch davon nicht. Nach der Wende wurde *Elfe* abgewickelt, u. a. weil die Kundschaft nun andere Schokoladenerzeugnisse bevorzugte.

Im Windschatten des omnipräsenten Schokoladenherstellers *Ritter Sport* und im Schatten des staubigen *VEB Elfe* haben auf beiden Seiten der Mauer jedoch eine Reihe alteingesessener Manufakturen und Familienbetriebe überwintert. Gerade in der DDR setzten kleine Schokoladenmanufakturen aus der Not heraus auf *bean to bar*, kauften also nur Kakaobohnen ein, die sie selber zum Teil mit uralten Maschinen verarbeiteten. Jahrzehnte später feiern Hipster in Mitte und Prenzlauer Berg *bean to bar* als letzten Schrei am schokoladenbraunen Nachhaltigkeitshimmel.

Nach dem Mauerfall wuchs Berlins süße Mitte wieder zusammen.

Insgesamt hat sich die kulinarische Vielfalt in Berlin seit der Wende enorm vergrößert. Neue Gourmet-Restaurants haben sich in Berlin niedergelassen; die Zahl der Cafés explodierte, 9000 soll es in der Hauptstadt geben. Engagierte junge Leute, mit guten Ideen, aber oft wenig Kapital, wagen den Schritt, kleine Manufakturen, Confiserien und Cafés aufzumachen. Rund 100 Jahre nach dem Boom zu Beginn des 20. Jahrhunderts setzt eine neue Glanzzeit des Süßen in der neu gekürten Hauptstadt ein.

Plötzlich öffnen Schlag auf Schlag *in't Veld* am Helmholtzplatz, *Doçura* in Kreuzberg, *Der Süßkramdealer* und *Frau Behrens Torten* in Friedenau, *Das süße Leben*, *Mamsell* und *Winterfeldt Schokoladen* in Schöneberg, das *Cupcake* und das *Olivia* in Friedrichshain – um nur ein paar Beispiele zu nennen. Diese Pioniere starten kulinarische Kleingewerbe, als die Mieten in Berlins Innenstadt noch bezahlbar sind.

Aufwind bekommt die bis dato eher kleine, feine Szene Ende 2000, als die tausendfach variierte Geiz-ist-geil-Mentalität abnimmt. Die Trendwende zeigt sich auch bei den Süßwaren: Auf einmal will man statt einem unkaputtbaren Muffin, den man nach einem 8-Stunden-Tag noch heil aus dem Parka befördern kann, lieber ein Stück mächtiger Orangen-Buttercremetorte nach Tante-Erna-Rezept (gern auch in veganer Variante) verspeisen. Und statt hässlichen To-go-Müll zu produzieren, möchte man seinen Kaffee nun aus einer nachhaltigen – und schönen – Porzellantasse trinken. In nur zehn Jahren (2008-2018) hat sich in Berlin die Zahl der Konditoreien fast verdreifacht: von 44 auf 110 Betriebe.

Die Berliner entdecken wieder ihre Freude an handwerklich hergestellten Qualitätslebensmitteln, auch wenn die meisten verkauften Schokoladen- und Backerzeugnisse nach wie vor Industriemassenprodukte aus dem Supermarkt sind. Aber Schokolade,

Pralinen und Gebäck gelten nun auch wieder als hochwertige edle Produkte, die man zum Glas Wein oder zum guten Buch nascht – gern bio, *bean to bar*, handgeschöpft, mit Fair-Trade-Siegel. Die Konsumenten zeigen größeres Interesse an Themen wie Nachhaltigkeit und fairen Arbeitsbedingungen. Man möchte keine »Kinderarbeitsschokolade« mehr essen. Auch fragt die Öffentlichkeit bei Traditionsunternehmen kritisch nach, ob während der Nazizeit Zwangsarbeiter beschäftigt wurden. Das Dokumentationszentrum NS-Zwangsarbeit in Niederschöneweide hat hierzu viel Material zusammengetragen.

Es fällt auf, dass im ersten und zweiten Jahrzehnt des 21. Jahrhunderts eine gewisse Feminisierung der Kaffeehauswelt stattgefunden hat. Hundert Jahre zuvor waren Kaffeehäuser oft dunkle, verräucherte Stuben für Herren im Zylinder mit Zeitung und Zigarre. Frauen waren eher unerwünscht. Manche Cafés hatten ein Raucher- und ein Billardzimmer, zu denen dem weiblichen Geschlecht der Zutritt verwehrt wurde. Frauen sollten sich mit dem Damensalon begnügen oder zu Hause bleiben.

Der Trend geht auch jetzt weg von *Ritter Sport* hin zu *Frau Behrens Torten* (mit Standorten in Charlottenburg, Friedenau und Kreuzberg), zur *Mamsell* (Schöneberg) oder *Friedas Glück* (Weißensee). Die Aufwertung der Confiserien gehört dazu, oft ein Ein-Frau-Unternehmen, ohne Scheu vor fliederfarbenem Dekor und Blümchentapete (wenngleich oft halbironisch zitiert).

Die Berliner Avantgarde bedient im Zeitalter des Individualismus einen ausdifferenzierten Geschmack: Heute reicht es nicht mehr, Schokolade in drei Sorten – Zartbitter, Vollmilch, Nuss – anzubieten. Eine neue Lust am Experimentieren zeichnet die jungen Patissiers und Konditoren aus. Auf dem *Naschmarkt* in der *Markthalle Neun* in Kreuzberg – einem Fest der guten süßen Dinge und der Handwerkskunst – kann man staunen, was es für originelle Manufakturen auf dem süßen Sektor in Berlin und Brandenburg gibt.

Bemerkenswert ist, wie viele der süßen Pioniere aus dem europäischen Ausland, aber auch aus Japan, Syrien, der Türkei, Israel, Brasilien und den USA stammen – oder im Ausland, zum Beispiel in Paris, Singapur oder Tokio, in Patisserien gearbeitet haben, um dann ihren Traum vom eigenen Café oder der kleinen Manufaktur in Berlin zu verwirklichen.

Seitdem ich selber vor drei Jahren eine Schokoladenmarke – *Preussisch süß* – *Berliner Stadtteilschokolade* – gegründet und mich intensiv mit der handwerklichen Seite von süßen Kreationen beschäftigt habe, weiß ich das Können von Berlins Spitzenpatissiers, Konditoren, Bäckern und Chocolatiers noch mehr zu schätzen.

Es fiel mir schwer, eine Auswahl an süßen Orten für dieses Buch zu treffen. Mühelos hätte ich die doppelte Zahl an Seiten füllen können. Aus Platzgründen konnte ich viele wunderbare Cafés, Konditoreien, Confiserien und Manufakturen, die ich besucht habe, nicht berücksichtigen. Der unglaublichen Vielfalt an Eis-Cafés in Berlin kann ich in diesem Buch nicht gerecht werden. Nur eine kleine Auswahl davon stelle ich hier vor. Traditionsunternehmen haben mich ebenso interessiert wie neue süße Orte mit innovativem Ansatz. Ich habe ferner türkische, syrische, israelische, amerikanische, irische, portugiesische, französische, italienische, japanische, schwedische, österreichische, schweizerische und polnische Seiten der Süßspeisenkultur berücksichtigt, denn Berlin ist multikulinarisch!

CHARLOTTENBURG –
WILMERSDORF –
HALENSEE – DAHLEM –
GRUNEWALD

Roca im Waldorf Astoria

Wir befinden uns im *Roca*, dem Nachfolger des berühmten *Romanischen Cafés*.

Das *Romanische Café* war eine Institution, *das* Berliner Künstlerlokal der Weimarer Republik. Ihm voraus ging im Viertel um die Gedächtniskirche das *Café des Westens* als bedeutender Treffpunkt der Boheme. Im Volksmund wurde das *Café des Westens* aufgrund der dort zur Schau gestellten Eitelkeiten *Café Größenwahn* genannt.

Das *Café des Westens* war Berlins erste stadtbekannte Intellektuellenschmiede jenseits der bürgerlichen Salons, die noch im 19. Jahrhundert die Orte des kultivierten Austauschs unter Gebildeten waren. Es befand sich von 1898 bis 1915 am Kurfürstendamm 18/19, Ecke Joachimsthaler Straße, dem heutigen Kranz-ler-Eck in Charlottenburg. Für viele Künstler wurde das *Café des Westens* eine Art Heimat. Viele kamen so oft, dass sie ihren eigenen Tisch hatten. Unter den Künstlern bildeten sich im *Café des Westens* bald zwei Gruppierungen heraus, das so genannte Schwimmer- und das Nichtschwimmer-Bassin. Der bekannte und erfolgreiche Maler Max Liebermann, selbstredend ein Schwimmer, scharte andere, ihm ebenbürtige bekannte Leute um sich – wie den Kritiker Alfred Kerr oder den Schriftsteller Frank Wedekind. Am Komponistentisch führte Paul Lincke, Vater der Berliner Operette, der damals erfolgreich war, das Wort. Richard Strauss verkehrte ebenfalls hier. Der Künstlerkreis *Die Brille* um junge Wilde wie Max Reinhardt und Christian Morgenstern nahm sich der

noch Aufstrebenden an. Vieles an bedeutender Kunst entstand an diesem Ort. Das Kabarett wurde hier entwickelt – von Berlin aus nahm es seinen Weg in die Welt. Die Idee zur *Dreigroschenoper* entstand im *Café des Westens*, und Friedrich Hollaender komponierte hier *Ich bin von Kopf bis Fuß auf Liebe eingestellt*. Der Besitzer Ernst Pauly ließ die bisweilen mittellosen Künstler gewähren. Von Egon Erwin Kisch ist aus dieser Zeit die Äußerung überliefert: »Das Kaffeehaus erspart uns sozusagen eine Wohnung, die man nicht unbedingt haben muss.« Das bürgerliche, zahlungskräftigere Publikum wurde von den extravaganten Gästen angelockt. Mehr Frauen wagten sich ins Café – was wiederum ein Anreiz für betuchte Männer war. Die

Damen kleideten sich besonders schick und ausgefallen, wenn's ins *Größenwahn* ging. Sie stehen für ein sich wandelndes Frauenbild weg von der Matrone am Herd mit fünf Kindern am Rockzipfel, wie sie Zille in dieser Zeit zeichnete. Sein Blick war natürlich auf die vielen Armen in Berlin gerichtet, die kein Geld für Ausflüge zum Ku'damm hatten.

In den Jahren vor Ausbruch des Ersten Weltkriegs wurde das *Café Größenwahn* zum Mittelpunkt der literarischen Bewegung des deutschen Expressionismus. Wichtige Zeitschriften wurden hier aus der Taufe gehoben: 1910 Herwarth Waldens *Der Sturm*, ein Jahr später Franz Pfemferts *Die Aktion*. Doch mit dem wachsenden Nationalismus änderte sich die bürgerliche Sicht auf die Kaffeehaus-Boheme. Das *Café Größenwahn* geriet in die Schlagzeilen der kaiserlich-konservativen Presse. Die Künstlerkreise seien nutzloses, geschwätziges Gesindel, sie hätten den Westen Berlins in einen sittenlosen Sumpf verwandelt, war der Tenor. Diese Angriffe und das Ausbleiben der zahlungskräftigen Nicht-Künstler bewogen Ernst Pauly dazu, das Café zu schließen. Die Maler und Schriftsteller zogen um in das *Romanische Café* an der Kaiser-Wilhelm-Gedächtniskirche, das auf den ersten Blick viel zu bürgerlich für die Künstler zu sein schien. Doch nach und nach mauserte es sich zum neuen Künstler-Zentrum Berlins. Der Name erschien angesichts der aufwändigen neoromanischen Innenarchitektur der Räume naheliegend. Die Atmosphäre des Cafés, die, von dunklen Möbeln geprägt, auf viele Besucher eher düster und schwer wirkte, zog die von Kaiserreich, Krieg und Armut geplagten, meist melancholischen Künstler jedoch gerade an. Natürlich etablierte sich hier wieder der Schwimmer-Bereich (20 Tische) und der größere Nichtschwimmer-Bereich (70 Tische), wie Walther Kiaulehn berichtet. Gäste im *Romanischen Café* waren

Bertolt Brecht, Alfred Döblin, George Grosz und Otto Dix, Joachim Ringelnatz, Stefan Zweig, Franz Werfel, Erich Maria Remarque, Gottfried Benn, Hanns Eisler, Erich Kästner, Ernst Toller, Rudolf Steiner, Irmgard Keun, Else Lasker-Schüler, Egon Erwin Kisch und Billy Wilder. 1927 feierte Friedrich Hollaenders Kabarettrevue *Bei uns um die Gedächtniskirche rum* Weltpremiere. Das *Romanische Café* war einer ihrer Schauplätze.

Als Anhänger der Nationalsozialisten am 20. März 1927 einen Krawall auf dem Kurfürstendamm veranstalteten, war auch das *Romanische Café* ein Ziel des Vandalismus. Die Machtübernahme der Nazis, die Einschüchterung und Verfolgung von Andersdenkenden sowie die Emigration von vielen, zum Teil jüdischen Stammgästen bereitete dem *Romanischen Café* als Sammelpunkt für Künstler, Intellektuelle und Anderslebende ein Ende. Ab 1933 hatte die Gestapo ihren eigenen Tisch im Café.

Das *Neue Romanische Haus* und mit ihm Berlins berühmtestes Café ging im Krieg unter. Das Gebäude wurde im Jahr 1943 bei einem alliierten Luftangriff schwer beschädigt, die Ruine in den fünfziger Jahren abgerissen. In vielen Gedichten, Filmen und Theaterstücken wird bis heute an das *Romanische Café* erinnert.

1965 eröffnete an der Stelle, an der sich das *Neue Romanische Haus* befand, das Europa-Center. Das hier untergebrachte neue *Romanische Café* konnte jedoch nie an die alten Zeiten anknüpfen. Seit 2012 gab es schräg gegenüber, im *Hotel Waldorf Astoria* auf der Westseite der Kaiser-Wilhelm-Gedächtniskirche ein Café, das ebenfalls an die Tradition des *Romanischen Cafés* erinnern sollte. Das Café wurde komplett renoviert und unter dem Namen *Roca* wiedereröffnet. Es gibt eine Terrasse, auf der es sich gut sitzt und von der aus sich das vorbeiziehende Volk beobachten lässt. Eine größere Dichte an Schriftstellern oder anderen

Künstlern ist mir hier nicht aufgefallen. Nie wieder hat es in Berlin ein Café gegeben, das solch ein Sammelpunkt gewesen wäre.

Die Betreiber des *Roca* tun gut daran, kein nostalgisches Café wiederauferstehen zu lassen, das niemals dem ersten gleichen könnte. Zwei schöne Reminiszenzen an »alte Zeiten« gibt es: erstens den *Red Velvet Cake*, kreiert nach Originalrezept aus den späten zwanziger Jahren mit Rote-Beete-Anteil. Die Rote Beete verleiht etwas Herbes, was sich gut zum süßen Häubchen macht. Mein Favorit ist das bittersüße *Blutorangentörtchen mit Schokogirlande* (es gibt ausgezeichnete Patisserie-Waren hier). Zweitens, an der Zimmerdecke befindet sich ein großes rundes Gemälde, auf dem viele der damals im *Romanischen Café* verkehrenden Literaten und Künstler, leicht abstrahiert, dargestellt sind. Schade ist jedoch, dass man keine Erklärung zu den abgebildeten Personen findet. Fazit: Man kann unbehelligt von der Vergangenheit ins *Roca* gehen oder aber ein paar Zitate und Rückgriffe erkennen. Insgesamt eine angenehm unaufdringliche Art der Erinnerungskultur.

Roca im Waldorf Astoria:
Hardenbergstraße 28, 10623 Berlin
Tel. (030) 81 40 00 2460
www.waldorfastoriaberlin.de/dine/roca-restaurant

KaDeWe Feinkostetage,
Die Sechste

Für Fans von guten Pralinen, einer unglaublich großen Auswahl an Schokoladen und Konfekt sowie anderem Naschwerk in aller erdenklichen Fülle samt Exotischem ist die Feinkostabteilung in der 6. Etage ein Muss. Diese Abteilung war schon in den zwanziger Jahren berühmt (da nannte sie sich *Feinschmecker-Etage*), und sie ist es noch heute zu Recht. Von allem gibt es hier ein verführerisch großes und multikulinarisches Angebot. So fand ich dort an einem Mai-Nachmittag eine Auswahl an *Ramadan-Kalendern* für Kinder mit Dattel-Spezialitäten. Besonders beliebt ist die große Gebäcktheke von *Lenôtre*. Gaston Lenôtre (1920-2009) war ein berühmter französischer Konditor, der Generationen von Konditoren und Köchen ausbildete. Er gilt als Wegbereiter eines leichten Stils, der Fett und Zucker zugunsten von leichteren Zutaten und frischen Früchten reduzierte. Atemberaubend ist die lange gewundene Pralinentheke, die man geradezu »abwandern« kann. Nur eine kleine Auswahl zu treffen, ist fast unmöglich. Zudem kann man in der Feinkostabteilung interessante soziologische Studien anstellen: Die schwungvoll gestaltete Austernbar ist immer noch ein Hingucker und ein Treffpunkt der Upper Class. Heute ist das *KaDeWe* nicht mehr nur ein Ort für die Wohlhabenden. Man kann in der *Sechsten* auch zur Wurst- oder Käsetheke gehen; es müssen nicht Austern oder Kaviar sein.

Um die gehobene Qualität liefern zu können, leistet sich das *KaDeWe* eine eigene Produktionsstätte. In der 7. Etage arbeiten rund 150 Köche und Konditoren emsig an unzähligen Köstlichkeiten wie frischen Feinkostsalaten und raffinierten Patisserieprodukten.

Es ist ratsam, sich vorher genau zu überlegen, wie viel Zeit man hier verbringen und wie viel Geld man ausgeben möchte. Solche Koordinaten können hilfreich sein, denn im *KaDeWe* kann man auf verschiedenen Ebenen, im Wort- und im übertragenen Sinn, verloren gehen. Die 7000 Quadratmeter große Abteilung stellt für genussfreudige Menschen eine Herausforderung dar. Für Berlintouristen ist das *KaDeWe* in jedem Fall einen Besuch wert.

Eröffnet wurde das *Kaufhaus des Westens* (*KaDeWe*) vom deutsch-jüdischen Kaufmann Adolf Jandorf am 27. März 1907. Es verstand sich von Anfang an als Kaufhaus für gehobenes Sortiment und Luxuswaren, konzipiert nach dem Vorbild amerikanischer Warenhäuser: Viele kleine Fachgeschäfte sind unter einem Dach vereint. 120 sind es beim *KaDeWe*! Ein Rohrpostsystem verbindet 150 verschiedene Zahlstellen im Haus mit der Zentralkasse. Anstatt der verbreiteten Gasbeleuchtung gibt es elektrisches Licht. In zwei Innenhöfen ist jeweils ein Garten mit Springbrunnen für Kunden angelegt, die nach Ruhe und Muße suchen. Schon damals gab es die Idee des Erlebnis-Shoppings. Über dem Eingang hängt eine riesige Uhr aus Bronze mit einem Zifferblatt von drei Metern Durchmesser. Zu bestimmten Uhrzeiten öffnen sich zwei Türen beiderseits der Uhr. Daraufhin umrundet das Uhrwerk eine bronzene Hansekogge mit vollen Segeln, dem Wahrzeichen des *KaDeWe*, ähnlich den alten Figurenspielen an den Uhren von Kathedralen und Rathäusern.

Von Anfang an setzte das *Kaufhaus des Westens* auf Kosmopolitismus. Mit einem internationalen Angebot wollte das Berliner Luxuswarenhaus Weltläufigkeit und -offenheit

demonstrieren. Marlene Dietrich war hier Kundin. 1927 verkauft Jandorf an den Warenhauskönig Hermann Tietz. Das *KaDeWe* gehört wie auch das Kaufhaus *Hermann Tietz* am Alexanderplatz, das Warenhaus von dessen Cousin Leonhard Tietz, *Karstadt* und *Wertheim* zu den von den Nazis verfemten »Judenkaufhäusern«. Tietz wurde in einem langen entwürdigenden Verfahren von den Nazis enteignet, das *KaDeWe* »arisiert«. Die Bombenangriffe des Zweiten Weltkriegs überstand das große Gebäude nicht. Auch das hauseigene Archiv wurde zerstört. Bis zur Wiedereröffnung fand eine Art Notverkauf im Femina-Tanzpalast in der Nürnberger Straße statt. In den fünfziger Jahren wurde das *KaDeWe* peu à peu wiedereröffnet. Wer es sich leisten konnte, trug sein Geld in *die Sechste*. Während des Kalten Krieges wurde das *KaDeWe* zu *dem* Symbol für Kapitalismus, Überfluss, Genuss, Dekadenz, Glanz und Glamour. Seinem Namen kam dabei nun eine höhere ideologische Bedeutung zu, es galt als Schaufenster des Westens. 1968 warfen die Revolutionäre der Studentenbewegung diesem Schaufenster die Scheiben ein. Doch die Berliner blieben ihrem *KaDeWe* treu, auch wenn der eine oder andere dort eher zum Schauen als zum Kaufen hinging. Das *KaDeWe* schien von der Bevölkerung als Teil von Berlin angesehen zu werden, von dieser Stadt, die so viele Brüche, Verwundungen und Veränderungen erlebt hat: Das *KaDeWe* ist heute das einzig verbliebene Luxuswarenhaus aus der Berliner Gründerzeit. Umso neugieriger waren die DDR-Bürger, als die Mauer fiel: Nach dem Mauerfall erlebte das *KaDeWe* das stärkste Besucheraufkommen seiner Geschichte: An mehreren aufeinanderfolgenden Tagen im November 1989 strömten jeweils 200 000 Menschen in das Haus.

Für Kosmopolitismus steht das *KaDeWe* heute erst recht: Die Etagenpläne an den Treppen sind in 18 Sprachen übersetzt. Jeder zweite Besucher ist ein auswärtiger Gast. Der Hauptgeschäftsführer des Handelsverbandes Berlin-Brandenburg und Jandorf-Biograf Nils Busch-Petersen zählt das Haus zu den besten der Welt, »noch vor Harrods in London«. Zu diesem Urteil trägt auch *die Sechste* bei.

Morgens um 10 Uhr hebt sich das original erhaltene Eisengitter von 1907 vor dem Eingang, dann empfängt das Haus täglich über 50 000 Kunden, in der Weihnachtszeit bis zu 100 000.

KaDeWe Feinkostetage, Die Sechste:
Tauentzienstraße 21-24, 10789 Berlin, Tel. (030) 21 21 0

Erich Hamann –
Bittere Schokoladen

Das traditionsreiche Ladengeschäft *Erich Hamann – Bittere Schokoladen* in der Brandenburgischen Straße in Wilmersdorf war schon für mich als Jugendliche in West-Berlin ein wichtiger Pilgerort. Kein Wunder, schon das Jugendstil-Interieur des Ladens aus dem Jahr 1928 ist eine Augenweide.

Gegründet wurde die erfolgreiche Schokoladenmanufaktur vom Großvater des heutigen Besitzers. Erich Hamann stammte aus dem ostpreußischen Memel und erlernte dort das Konditorenhandwerk. Kurz vor Kriegsausbruch, 1912, eröffnete Hamann in der Kurfürstenstraße in Berlin seine erste Schokoladenmanufaktur. Zwischen 1924 und 1935 folgten sieben Filialen in Berlin, darunter Geschäfte in der Leipziger Straße, Unter den Linden, am Roseneck und in der Potsdamer Straße. Im Jahr 1928 zog Erich Hamann in das im Bauhaus-Stil errichtete Gebäude in der Brandenburgischen Straße 17, mit Manufaktur im oberen Stockwerk und einem Laden im Erdgeschoss, in dem heute noch *Erich Hamann* beheimatet ist. Der Krieg verschonte *Hamann* nicht. Ohne Nachschub an Rohstoffen, ohne Mitarbeiter und teilweise zerstört, musste das Geschäft schließen. Von den einst sieben Filialen überstand nur eine den Zweiten Weltkrieg. Nach Erich Hamanns Tod baute seine Frau Anna zusammen mit einigen Mitarbeitern das Hauptgeschäft mit der Manufaktur in der Brandenburgischen Straße aus den Trümmern wieder auf. Heute wird die *Erich Hamann Schokoladenmanufaktur* vom Enkel Andreas Ha-

Marzipan
Bruch
100g € 3.75

mann geführt. Bei *Hamann* gibt es herrliche Schokoladen und Pralinen. Das Markenzeichen ist Zartbitterschokolade. Die berühmte 77 %-ige Edelbitter-Variante wird immer noch nach Originalrezept hergestellt. Aber es gibt auch eine sehr gute 40%-ige Vollmilchschokolade und andere Sorten, um die 60 verschiedene Pralinen, nicht zu vergessen *Ingwer-Stäbchen*, *Mokka-Bohnen* und anderes Konfekt in schönen altmodischen Schachteln mit blauer Schleife.

Meine besondere Empfehlung ist die *Borkenschokolade*: eine Spezialität aus gewalzter, gestauchter und geschnittener Schokolade, deren Aussehen an die Borke eines Baumes erinnert. Es gibt sie in Vollmilch und in Zartbitter.

Bei *Hamann* hat man sich entschieden, nicht »mit der Zeit zu gehen« und keinen kulinarischen Trends zu folgen. Bio, Fair Trade? Nicht bei *Hamann*. Überraschende Ingredienzen, Exotisches, Soja-, Ziegenmilch? Nicht hier. Auch das an eine Tischdecke erinnernde schlichte Verpackungsdesign der Tafelschokoladen wurde seit den 1950er Jahren nicht verändert – eine wohltuend unraffinierte Gestaltung in Zeiten »witziger« und bemüht ausgefallener Werbung allerorts. Heute genießt es Kultstatus!

Erich Hamann:
Brandenburgische Straße 17, 10707 Berlin
Tel. (030) 873 20 85/86
www.hamann-schokolade.de

Sawade

Von Ladislaus Maximilianus Ziemkiewicz 1880 gegründet, ist *Sawade* Berlins älteste Pralinenmanufaktur! Das erste Ladengeschäft von Sawade für feine, französisch inspirierte, hausgemachte Pralinen, Konfekte und Bonbons wurde auf dem Prachtboulevard Unter den Linden im Haus Nr. 19 zwischen Friedrichstraße und Charlottenstraße eröffnet. Zuvor war der Berliner Ladislaus Maximilianus Ziemkiewicz in Paris gewesen und hatte sich dort mit den Künsten des Konfektmachens vertraut gemacht. Wie ist *Sawade* zu seinem ungewöhnlichen Namen gekommen? Es heißt, dass der charmante Süßwarenkenner Ziemkiewicz eine besondere Beziehung zu seiner Nachbarin, Madame Marie de Savadé, unterhielt – er soll unsterblich in sie verliebt gewesen

sein. Fest steht: Sie war die Namenspatin für sein erstes Geschäft. Der mit Liebe und Engagement betriebene Laden war sehr erfolgreich. Bereits nach kurzer Zeit wurden Prinz Georg von Preußen und der Großherzog von Sachsen-Weimar-Eisenach auf die Manufaktur aufmerksam. Schnell wurde *Sawade* Königlicher Hoflieferant, eine ganz besondere Auszeichnung. Bis zum Krieg bestellten Adelskreise und andere gesellschaftliche Schichten aus ganz Europa die süßen Verführungen aus Berlin. Ein altes Rechnungsbuch zeigt, wer alles bei *Sawade* einkaufte: Prinz August Wilhelm zu Preußen mochte gerne kandierte Früchte, Prinz Sigismund von Preußen ließ sich Schokolade mitbringen, und die Hofdame der Prinzessin Johanna der Niederlande bestellte zu Ostern

stets ein »Großes Osterei mit Blumenschmuck«. Nach dem Zweiten Weltkrieg zog die Firma um und verkleinert sich. In den siebziger Jahren gab es einen erneuten Eigentümerwechsel. Der Schokoladenfabrikant Spengler baute die Manufaktur *Sawade* erfolgreich aus und errichtete das heute noch existierende Werk in Reinickendorf. In den achtziger und neunziger Jahren beschäftigt *Sawade* 70 Mitarbeiter, die Pralinen werden in der gesamten Bundesrepublik nachgefragt. Nach Spenglers Ableben im Jahr 2008 übernahm Spenglers Sohn die Firma. Doch er hatte kein glückliches Händchen mit *Sawade* und meldete fünf Jahre später Insolvenz an. Im Dezember 2013 kaufte ein junges Ehepaar – Benno und Melanie Hübel – die altehrwürdige Manufaktur. Sie erhielten die überlieferten Rezepte – auch heute noch werden alle angebotenen Pralinen und Konfekte in der hauseigenen Manufaktur hergestellt. *Sawade* ist nach wie vor auf Einzelstücke und Kleinserien spezialisiert, die mit viel Liebe zum Detail gefertigt werden. Die Füllungen werden von Hand angesetzt, der Krokant von Meisterhand eingeschlagen. Doch Benno und Melanie Hübel modernisieren gekonnt hinter den Kulissen, bei den Verpackungen und im Marketing. Die Verpackungen von *Sawade* rekurrieren zwar auf Berliner Wahrzeichen wie den Bären, den Fernsehturm und das Brandenburger Tor, aber hierfür wird keine betulich-nostalgische »Es war einmal«-Optik verwendet, sondern eine moderne, zeitgemäße Bildsprache, die die Verpackungen zu echten Hinguckern macht. Der klassisch geschwungen-feminine Schriftzug ist jedoch geblieben. Das Angebot reicht von der klassischen Pralinenschachtel über lose Ware bis zur Bonbonniere. Die Spezialität des Hauses sind nach wie vor der Blätterkrokant und Marzipan aus Mittelmeermandeln. Man schreckt bei *Sawade* aber nicht vor Neuerungen zurück, es finden sich auch vegane Pralinen im Sortiment.

Sawade hat viele Auszeichnungen erhalten, u. a. wurden bei den *International Chocolate Awards* die *Walnuss-auf-Weinbrandmarzipan-Praline*, die *Ingwer-mit-Wodka-Praline* und die unsterbliche *Königin-Luise-Praline* ausgezeichnet.

Sawade hat nun wieder mehrere Standorte in Mitte, Charlottenburg und Wilmersdorf. Zu empfehlen ist auch der Werksverkauf in Tegel. Die Ersparnis liegt bei 20% bis 40%, bei Produkten mit Schönheitsfehlern bis zu 50%.

Sawade:
www.sawade.berlin

Charlottenburg:
Reichsstraße 95, 14052 Berlin
Tel. (030) 302 070 60

KaDeWe, Die Sechste
Tauentzienstraße 21-24, 10789 Berlin
Tel. (030) 930 212 128 25

Mitte:
Hackesche Höfe, Hof II
Rosenthaler Straße 40-41, 10178 Berlin
Tel. (030) 970 053 63

Kreuzberg:
Bergmannstraße 9, 10961 Berlin
Tel. (030) 667 011 90

Tegel (Werksverkauf):
Wittestraße 26d, 13509 Berlin
Tel. (030) 430 060

Nicos Süßes Atelier

Etwas versteckt gelegen, auf der schönen Fasanenstraße zwischen Fasanenplatz und Hohenzollerndamm, befindet sich seit neun Jahren eine echte Perle der Patisseriekunst: *Nicos Süßes Atelier*. Das *Süße Atelier* ist Manufaktur, Café und Laden in einem. Wenn man eintritt, fällt der Blick sofort auf die Glasvitrine mit den vielen Törtchen, Macarons, Petit Fours, Eclairs und anderem Naschwerk. Doch wer steckt hinter diesen Köstlichkeiten? Nico Müller stammt aus Usedom. Dort hat er zunächst eine Ausbildung zum Koch gemacht, und der Küchenchef riet ihm, sich eher auf »süße Sachen« zu konzentrieren, als mit »Fisch und Fleisch herumzuhampeln«. Bei einem Besuch in Berlin, genauer gesagt der Feinkostabteilung des *KaDeWe*, war Nico Müller von der Vielfalt der Confiseriekunst der Hauptstadt beeindruckt. Er bewarb sich im *KaDeWe*, überzeugte mit seinem Talent und konnte sich zum Konditor ausbilden lassen. Mit erst 24 Jahren machte er sich, unterstützt von seiner Schwester, selbstständig. Längst hat *Nicos Süßes Atelier* Stammkunden. Wilmersdorfer Witwen, junge Familien, aber auch zahlreiche Leute aus anderen Bezirken, denn dem *Nicos* eilt sein Ruf weit voraus. Petit Fours mit Kiwi, Guave, Granatapfelkernen und Blaubeeren begeistern rückhaltlos. Die Erdbeertörtchen kombiniert mit Pistaziensplittern sind großartig. Sehr gut sind die Macarons. Der preisgekrönte Confiseur verwendet nicht zu viel Zucker, sondern vertraut dem Eigengeschmack der Zutaten. Das merkt man auch

ter entwickelt). »Da ist mir etwas gelungen, das ich einfach sehr besonders finde«, so Nico Müller. Das Törtchen besteht aus nicht weniger als fünf Schichten: Dem Nougat-Crisp-Boden folgt eine Karamell-Schicht, eine Schokoladen-Biskuit-Schicht ohne Mehl, dann Schokoladen-Mousse mit Earl Grey, darauf folgt eine geflammte Passionsfrucht-Creme – zuoberst erwarten einen schließlich Heidel- und Johannisbeeren, etwas dunkle Schokolade und Goldstaub. Das ist ein kleines großes farbenfrohes Juwel. Teetrinker kommen hier übrigens bei über 20 verschiedenen Teesorten ebenso auf ihre Kosten. Hingehen!

seinem persönlichen Lieblingstörtchen an, dem *Sophie* (zum Dank an seine Schwes-

Nicos Süßes Atelier:
Fasanenstraße 42, 10719 Berlin
Tel. (030) 887 746 88
www.nicossuessesatelier.de

Wald Königsberger Marzipan

In die schöne, von interessantem Einzelhandel geprägte Pestalozzistraße in Charlottenburg geht man gern. Seit über siebzig Jahren, seit 1947, ist das Familienunternehmen und Fachgeschäft *Wald Königsberger Marzipan* hier ansässig.

»Weihnachten ist Stress ohne Ende«, aber »wir haben viel Freude dabei«, sagt Ralf Bentlin, Mitinhaber von *Wald*. Bei *Wald* ist man sofort – und zwar ganzjährig – weihnachtlich gestimmt: Die Einrichtung ist in Rot und Weiß gehalten, die Regale haben Stuck-Deko, es duftet himmlisch. Natürlich läuft das Geschäft auch jenseits der Weihnachtstage gut, denn, so Ralf Bentlin selbstbewusst, »das Noble hat immer Konjunktur«. *Wald* hat sich wie auch andere erfolgreiche Berliner Unternehmen einen Namen als Spezialist ge-

macht. Verantwortlich dafür ist ein über 100-jähriges Geheimrezept aus Königsberg.

Was den Lübeckern ihr Marzipan ist, ist den Königsbergern das ihrige. Eigentlich handelt es sich um vollkommen andersartige Produkte. Zunächst ist die Rezeptur verschieden: Neben gemahlenen Mandeln, Zucker und Rosenwasser verwenden die Königsberger einen sehr geringen Anteil Bittermandeln. Während Lübecker Marzipan aus Rohmasse hergestellt und später meist von Schokolade umhüllt wird, wird Königsberger Marzipan geröstet. Hierzu verwendet man die jahrhundertealte Technik des Abflämmens oder Gratinierens der Oberfläche. Dadurch erhält das Produkt eine leicht bräunliche Farbe, das Innere bleibt weich. Das Königsberger Marzipan hat einen kräf-

tigeren Geschmack und ist weniger süß als das Lübecker Marzipan.

Vor dem Zweiten Weltkrieg gab es in Königsberg »so viele Konditoren, wie Leipzig Buchhändler hat«, so Bentlin. An die zehn große Marzipanhersteller waren in der Stadt angesiedelt. Die gewaltige Marzipanfabrik *Zappa* war weltberühmt. 1905 in Königsberg geboren, zog es den ehrgeizigen Kondi-

tor Paul Wald im Jahr 1939 nach Berlin. Seine hervorragende Handwerkskunst konnte er mit zahlreichen Auszeichnungen beweisen. Auch sein gerahmter Meisterbrief hängt noch heute hier im Laden, ferner eine *Reichssieger*-Urkunde, eine Urkunde aus dem Jahr 1943 für einen mit »Sehr gut« bestandenen »Wehrmacht-Meister-Lehrgang« der Konditoren. Das Wappen Ostpreußens sowie eine alte Landkarte fehlen nicht. Aber ganz so ernst scheint man die Dinge hier zum Glück nicht zu nehmen. Zwischen den Urkunden hängt eine pinkfarbene Zeichnung von Loriot, die dieser der Marzipanfamilie dankbar vermacht hat.

Zwei Jahre nach Kriegsende gründete Paul Wald mit seiner Frau das Geschäft in der Pestalozzistraße. Für die besondere Technik des Abflämmens haben sie eigens einen historischen Flämmofen nach Königsberger Vorbild nachgebaut. Die Erfolge der Wald'schen Handwerkskunst stellten sich wieder ein. Paul Wald erhielt für seine Marzipanspezialitäten zweimal den *1. Preis von Deutschland* und neben vielen weiteren Preisen *Das blaue Band von Kalifornien*. Als Paul Wald 1985 starb, machte seine Ehefrau im Alter von 68 Jahren ihre Konditormeisterprüfung, um das Geschäft weiterführen zu können. 2005 übernahm Enkelin und Konditorin Gina Massey gemeinsam mit Schwager Ralf Bentlin.

Heute ist auch ihr Sohn Zino Bentlin mit von der Partie. Bei *Wald* findet man zünftige Marzipankartoffeln, Marzipanbrot, Marzipanherzen, herzallerliebstes Königsberger Marzipan-Teekonfekt, Spezialitäten aus Frucht und Marzipan, Glücksschweine, Marzipan-Brautpaare in Trachten ... und alles schmeckt ausgezeichnet, herrlich saftig.

In dem nostalgischen Laden in Charlottenburg scheint die Zeit langsamer zu laufen. Viele der Stammkunden waren schon als Kinder hier, mit ihren Eltern oder Großeltern. Jetzt kommen sie selber mit ihrem Nachwuchs.

Wald Königsberger Marzipan:
Pestalozzistraße 54 a, 10627 Berlin
Tel. (030) 323 82 54
www.wald-koenigsberger-marzipan.com

Patisserie Gil Avnon

Charlottenburg-Wilmersdorf ist nicht eben arm an süßen Orten, dennoch kann man hier neue Entdeckungen machen. Wie die seit Herbst 2019 geöffnete Patisserie *Gil Avnon* in der Schlüterstraße, einer gemütlichen Seitenstraße von Kurfürstendamm und Kantstraße.

Meister Gil Avnon wurde zunächst in Berlin in der *Konditorei Genenz* zum Konditor ausgebildet, anschließend hat er in renommierten Hotels wie dem *Dorchester* in London, dem *Dolder Grand Hotel* in Zürich, dem *Raffel* in Singapur und dem *Kempinski Grand Hotel* in Heiligendamm gearbeitet. Dann kam der Entschluss, sich selbstständig zu machen. Die Summe dieser Erfahrungen und erstklassigen handwerklichen Schulungen kann man nun in der Schlüterstraße genießen.

Betritt man das *Gil Avnon*, findet man sich in einem großen freundlichen Raum, der zum Verweilen einlädt. Die Törtchen in der Vitrine sind eine Augenweide: *Eye of Coffee* für die Kaffeeliebhaber, *Himbeer-Wölkchen*, das *Jaffa-Törtchen* mit Orangen-Joghurt-Mousse oder die *Itakuja-Schnitte* mit Maracuja für alle, die es fruchtig mögen. Für Schokoholics ist der *Schokowürfel* ein Muss. Auch (scheinbar) Klassisches wie *Lübecker Mandel* und *Berliner Kranz* (angelehnt an den *Frankfurter Kranz*) findet sich hier. Außerdem: sehr gutes Gebäck, wunderbare Croissants.

Gil Avnon, Anfang 50, hat das Gefühl, hier in Charlottenburg erst »wirklich angekommen« zu sein: »Das ist der erste Ort, an dem man mich nicht beleidigt oder seltsam behandelt.« Er hat einen deutschen und einen israelischen Pass. Geboren in Wilmersdorf, ist er ein waschechter Berliner. Und doch, erzählt er mir, sei er immer wieder beleidigt, bedroht und mit Tiraden über die auch in seinen Augen oft verfehlte israelische Politik behelligt worden. Und es seien nicht die »üblichen kurzrasierten Proleten« gewesen, sondern »ganz normale Leute«. Um sich zu schützen, sprach Gil Avnon seinen Namen lange Zeit meist französisch aus, nicht hebräisch. Als Gil Avnon im Herbst 2019 der neuen Patisserie seinen Namen gab, hatte seine Mutter Angst um ihn. Aber in diesem Teil von Charlottenburg, so Avnon, wehe ein anderer Geist. Einige Leute kommen bewusst zu ihm, waren mal in Israel, sind selber jüdischer Herkunft. Vielen sei seine Herkunft »im guten Sinne egal«. Sie essen einfach

gern seine Patisserie und die übrigen Backwaren. Schon in kürzester Zeit hatte er viele Stammkunden gewonnen.

Gil Avnon ist ein neuer Stern an Berlins Zuckerhimmel.

Patisserie Gil Avnon:
Schlüterstraße 71, 10625 Berlin
Tel. (030) 28 65 45 13
www.patisserie-avnon.de

Goldhahn und Sampson

Die Goldhähne stehen für einen neuen Trend. Sie gehören zu den Pionieren, die in Berlin die Lust am Selber-Kochen und -Backen geschürt und die Kulinarik zur hippen Freizeittätigkeit von urbanen, viel beschäftigten Leuten gemacht haben. Die Goldhähne und ihr Team besitzen ein Feingespür dafür, was Lust aufs Experimentieren macht. Mit »Gut, sauber und fair« beschreiben sie ihr gesellschaftskulinarisches Anliegen. Und schmecken muss es! Das Herzstück bei *Goldhahn und Sampson* sind die Koch-, Back- und Weinkurse. Außerdem kann man in den beiden Läden in Charlottenburg und im Prenzlauer Berg neben hochwertigen Lebensmitteln (eine großartige Auswahl an Schokoladenprodukten, Keksen, Gebäck, aber auch Herzhaftes aus aller Welt und richtig gutes Backwerk) und einer großen, liebevoll kuratierten Weinauswahl auch einige der schönsten Kochutensilien der Stadt finden. Emailleschüsseln, Geschirrtücher, Messer und Kaffee-Equipment: Auch hier wird mit viel Liebe zum Detail ausgewählt. Außerdem gibt es eine gut sortierte Bibliothek an Kochbüchern mit über 4000 Titeln! Schöne Sitzgelegenheiten laden zum Verweilen ein.

Es ist den Goldhähnen gelungen, Läden zu gestalten, die nicht das etwas staubige Image früherer Feinkostläden besitzen und preislich unterschiedliche Niveaus anbieten, so dass nicht nur Gutverdienende hier einkaufen können. Verkostungen, Kochbuchvorstellungen und andere Events locken zusätzlich Gäste an. Natürlich werden die Goldhähne oft gefragt,

wie sie zu ihrem Namen gekommen sind. Goldhahn und Sampson, das klingt ein bisschen wie ein Familienunternehmen mit langer Tradition. Der Name ist eine Kombination der Nachnamen der damaligen Lebenspartner der Gründer. Eine Ode an die Liebe also – in diesem Fall auch: an die Liebe zum guten Essen!

Goldhahn & Sampson:
Wilmersdorfer Str. 102-103 (Ecke Mommsenstraße), 10629 Berlin

Prenzlauer Berg:
Dunckerstraße 9 (am Helmholtzplatz), 10437 Berlin

www.goldhahnundsampson.de

Schoko-Engel

Auf den ersten Blick meint man ein schönes traditionelles Schokoladenreich zu betreten. Wenn man genauer hinschaut, fällt einem dann jedoch zum Beispiel die Metallwand mit »Werkzeug« auf. Es gibt nichts, was hier nicht in Handarbeit zu Schokolade geformt werden kann; gern werden auch individuelle Kundenwünsche erfüllt: Engel, Zigarre, Steinpilz, Skispringer, Hufeisen, Wasserhahn, Schraube oder Gartenschere, fast nichts scheint hier unmöglich zu sein.

Es fällt auf, dass im *Schoko-Engel* mehr Männer einkaufen als üblicherweise in Schokoladengeschäften. Frau Müller meint, sie würden sich bei ihr »in ihren Hobbys« angesprochen fühlen. Sie nimmt auch ungewöhnliche Auftragsarbeiten an, wie zum Beispiel ein Hüftgelenk für eine überstandene Operation. »Das funktioniert so gut wie ein echtes«, bestätigt sie und führt gut gelaunt vor, wie sich die Gelenkkugel in der Schale bewegt. 25 Euro kostet so ein Schoko-Gelenk. Noch besser verkaufen sich derzeit die rostigen Nägel, »die schmecken so gut zu Rotwein«, weiß die Expertin.

Christiane Müller, gern schrill und farbenfroh gekleidet, ist eine echte Schoko-holic-Grenzgängerin, die gern Neues ausprobiert und handwerklich alles aus dem braunen Gold herauszuholen vermag. Der *Schoko-Engel* ist überdies aber auch eine klassische Confiserie mit einer überzeugenden Auswahl an Naschwerk vieler bekannter Marken. Der Espresso hier schmeckt vorzüglich.

Schoko-Engel:
Fritzschestraße 29, 10967 Berlin
Tel. 0174 971 5798
www.schokoengel.de

Berliner Kaffeerösterei

Im Herzen des alten West-Berlins, in der Uhlandstraße kurz vor der Ecke zum Kurfürstendamm, befindet sich ein auffälliger Prachtbau. Das neobarocke majestätische Gebäude, 1900 erbaut, wurde vom Volksmund bald Uhlandschloss getauft. Im Erdgeschoss befindet sich nun die *Berliner Kaffeerösterei*. Wilmersdorfer Witwen und pensionierte Kunsthistoriker finden sich hier ein, aber auch junge urbane Digitalworker, die kurz Kaffee und Schoko brauchen. Bei Anwohnern wie Berlin- und Ku'dammbesuchern ist der schön gestaltete Laden mit einer hervorragenden Kaffeeauswahl, sehr guten Schokoladen und einer prachtvollen Pralinentheke sehr beliebt. Die *Berliner Kaffeerösterei* ist ein Zusammenschluss von drei kaffeebegeisterten Herren, mittler-weile wird das Unternehmen in zweiter Generation geleitet. Angefangen hat alles vor zwanzig Jahren: Drei befreundete junge Männer entdecken ihre Leidenschaft für Kaffee bei einem Besuch in New York, genauer gesagt in Brooklyn: bei *Porto Rico*, einem Kaffee-Traditionsunternehmen. So etwas müsste es auch in Berlin geben, denken sie sich: Die ganze Vielfalt des Kaffees – von Südamerika bis Indien – in einem einzigen Geschäft. Die Geschäftsidee ist geboren. Was den Standort angeht: Besser als mit Räumlichkeiten im Uhlandschloss hätte man es im Berliner Westen nicht treffen können. Im Jahr 2001 eröffnet die *Berliner Kaffeerösterei* – im selben Jahr, in dem auch viele Kakaopuristen mit Fachgeschäften nur für Schokolade aufwarten. Im Keller lagert der Rohkaffee, der

auf traditionelle Weise geröstet wird. Die Freunde haben mit ihrem Kaffeefachgeschäft eine Marktlücke aufgetan und finden schon bald viele Nachahmer in der Hauptstadt. Aus dem kleinen Einzelhandelsgeschäft ist längst ein kleines Feinkostkaufhaus mit Café mit verschiedenen Standorten in Berlin geworden.

Zur erlesenen Kaffeeauswahl gesellen sich sehr gute Schokoladen, Pralinen, Kuchen, Torten und Gebäck. Wer sich für das Handwerk interessiert, der kann im hinteren Teil des Laden-Cafés den Konditoren und Chocolatiers in der gläsernen Chocolaterie bei der Arbeit zuschauen. Die *Berliner Kaffeerösterei* hat viele Feinschmecker-Preise als eine der besten Kaffeeröstereien weltweit und als Geschäft mit einem besonders guten Schokoladenangebot in Deutschland erhalten, u. a. den *Süßen Stern*. Besonders konnten sich die drei Freunde über den *Cup of Excellence* freuen. Der *Cup* ist weltweit die begehrteste Auszeichnung, die ein Spitzenkaffee erhalten kann.

Berliner Kaffeerösterei:
www.berliner-kaffeeroesterei.de

Charlottenburg:
Uhlandstraße 173/174, 10719 Berlin
Tel. (030) 886 779 20
Kaiserdamm 90, 14057 Berlin (BMW)
Stuttgarter Platz 28, 10627 Berlin

Mitte:
Charité (Bettenhochhaus)
Luisenstraße 58-60, 10117 Berlin
Behrenstraße 19, 10117 Berlin (nahe Friedrichstraße)
Alexanderplatz 9 (Markthalle im Galeria Kaufhof), 10178 Berlin

Wiener Conditorei
Caffeehaus

Das Roseneck liegt in einer noblen, beschaulichen Gegend von Wilmersdorf. Die Zeit scheint hier stehen geblieben zu sein. Hier gibt es herrlich altmodische Geschäfte (kubanische Zigarren! Coiffeure! Alte Bilderrahmen!) und Restaurants. Und vor allem das *Wiener Conditorei Caffeehaus*, ein Familienunternehmen, das in vierter Generation von den Ottes geführt wird!

Die Tradition der Familie Otte beginnt zur Zeit der Weimarer Republik. 1928 gründete der Urgroßvater der heutigen Besitzer, Adolf Otte, seine erste Bäckerei am Schloss Charlottenburg. 1980 eröffnete Enkel Manfred Otte schließlich das *Wiener Conditorei Caffeehaus* am Roseneck. Es folgten weitere Filialen. An der Renaissance der Wiener Kaffeehaus-Kultur in West-berlin hat die Familie Otte entscheidenden Anteil. »Familie Otte hat es sich zum Ziel gesetzt, die Kaffeehaus-Kultur in Berlin weiterhin zu pflegen und Tradition mit neuen Ideen zu verbinden«, heißt es in der Familienchronik.

In der *Wiener Conditorei* werden die verschiedensten Tortenkreationen gefertigt, Wiener Desserts, französische Patisserie, Petit Fours, Gebäck- und Blechkuchenspezialitäten. Vor allem muss man die anspruchsvollen Meistertorten loben: beispielsweise die *Grillparzertorte*, eine Königin unter den Torten, kaum beschreibbar. Hier ein poetischer Versuch: »Die Krokantstreusel am unteren Rand der Torte scheinen wie eine Borde aus Perlen, die zart-dunkle Schokoladenglasur wie ein hauchdünner Seidenstoff. Braun gebrannte

Plätzchen oben auf der Glasur eines jeden Stückes erinnern an einen Plüsch und die weiße Schokoladengarnitur mutet an wie ein Stück Stoffspitze auf Seide oder Satin.« (www. suesse-geniesser.de) Aber die *Grillparzertorte* ist nur eine von vielen feudalen Meistertorten, die die zahlreichen klassischen wienerisch-berlinerischen Konditoren-Könige am Roseneck so zaubern. Es gibt noch die *Luisentorte*, die *Wiener Nusstorte*, die *Trüffeltorte*, die *Moccasahnetorte*, die *Mignontorte* oder die *Torte nach Sacher Art*. Sie alle sehen wahrlich ehrfurchtgebietend aus. Ebenso wie die alten Ladys dort.

Wiener Conditorei Caffeehaus:
www.wiener-conditorei.de

Wilmersdorf:
Am Roseneck, Hohenzollerndamm 92
14199 Berlin, Tel. (030) 89 59 69 22

Dahlem:
Clayallee 175, 14195 Berlin, Tel. (030) 84 59 19 40
In dieser Zweigstelle in Dahlem kann man in der gläsernen
Eisproduktion zuschauen, wie »eigenproduziertes
Conditoreneis« gefertigt wird.

Westend:
Am Steubenplatz, Reichsstraße 81, 14052 Berlin
Tel. (030) 36 41 06 12

Grunewald:
Hagenplatz 3, 14193 Berlin
Tel. (030) 89 72 93 60

Weitere Empfehlungen für Charlottenburg, Wilmersdorf, Halensee, Dahlem und Grunewald:

Walter Confiserie: Am Olivaer Platz 17, 10707 Berlin, (s. S. 77), Tel. (030) 881 7211, www.walter-confiserie.de

Das Schokolädchen: Schönes Schokoladen- und Pralinengeschäft, Berkaer Straße 6, 14199 Berlin, Tel. (030) 895 806 51

Café Kredenz: Feine polnische Backkunst, Kantstraße 81, 10627 Berlin, Tel. (030) 327 042 95 www.kredenz-cafe.de

tanne B: Tolles Eis. Kantstraße 117 a, 10627 Berlin, Tel. 0173 618 8988, www.tanneb.de

Frau Behrens Torten (s. S. 94): Großartiges Kuchenimperium mit drei Standorten in Berlin, schönes Café in der Wilmersdorfer Straße 96-97, 10629 Berlin, Tel. (030) 889 128 64. www.gugelhupf-berlin.de

Café Benjamine, ehemals Café K.: Nahe der Heerstraße befindet sich das Georg Kolbe Museum, ein in den 1920er Jahren errichtetes Künstleratelier. Der Bildhauer Georg Kolbe (1877-1947) hat an diesem idyllischen Ort mitten im Kiefernwald gearbeitet. Das im Herbst 2021 unter neuem Namen wiedereröffnende Café ist ein Schmuckstück der Zwanziger-Jahre-Architektur in Berlin. Dort locken frischer Kuchen und gute heiße Schokolade. Der Weg lohnt sich vor allem in den wärmeren Monaten, wenn man auf der Terrasse sitzen und im Garten flanieren kann.

Café Benjamine, Georg Kolbe Museum, Sensburger Allee 25, 14055 Berlin, Tel. (030) 308 122 75, www.cafe-benjamine.de

SCHÖNEBERG – FRIEDENAU – TEMPELHOF

Winterfeldt Schokoladen

Man kann auch heute noch in die Apotheke gehen, um Schokolade zu kaufen! Im Schöneberger Winterfeldtkiez finden sich zahlreiche Cafés, Galerien, Buch- und Kramläden und die denkmalgeschützte Schokoladen-Apotheke *Winterfeldt Schokoladen*. Die wunderschöne große, dunkel und geheimnisvoll erscheinende Gründerzeitapotheke in der Goltzstraße stammt aus dem Jahr 1892 und bietet mit ihren Schubläden und Schränkchen die ideale Heimat für die beste Medizin der Welt. Schokoladen, Pralinen, Trüffel und andere Köstlichkeiten werden hier in beeindruckender Fülle und Vielfalt angeboten. Inhaberin Natascha Kespy spricht zu Recht von einem Schokoladen-Fachgeschäft.

Mit Schokolade hatte Natascha Kespy zunächst nichts am Hut. Sie wurde in Berlin geboren, wuchs aber in Frankreich auf. Ihre Mutter ist Französin, der Vater Urberliner. Im Alter von 20 Jahren ging sie zurück nach Berlin, um Schauspiel zu studieren. Kespy war erfolgreich, spielte am Hansa-Theater und am Theater am Ku'damm, ging oft auf Tourneen. Doch dieses Leben wurde ihr auf die Dauer zu unruhig, erst recht als sie ein Kind bekam. Es ergab sich eher zufällig, dass sie bei dem Schokoladen-Pionier Holger in't Veld (s. S. 188) anfing zu arbeiten. Natascha Kespy hatte schon immer ein Faible für gutes Essen, wie sie sagt, und wurde nun zum überzeugten Schokoholic. Der Wechsel von der Theater- zur Schokoszene fiel ihr leichter als erwartet, denn »die Leute sind genauso verrückt«. Das Geschäft am Helmholtzplatz im Prenzlauer Berg – Schwerpunkt waren dunkle Schokoladen – lief so gut, dass Holger in't Veld und sie 2005 beschließen, eine Dependance in Schöneberg zu eröffnen, die Natascha Kespy schließlich ganz übernimmt. Ein reines Schokoladengeschäft ist jedoch schwierig zu führen. In den Sommermonaten bleiben die Einnahmen weitgehend aus. Also entstand die Idee eines Ladens mit angeschlossenem Café. Als die denkmalgeschützte Apotheke in einem Eckhaus am Winterfeldtplatz einen Nachmieter suchte, griff Natascha Kespy zu. Einen schöneren Ort hätte Kespy nicht finden können. In ihrem holzgetäfelten Reich legt sie Wert auf eine große Bandbreite an Produkten aus hochwertiger, fair oder direkt gehandelter Schokolade. Sie hat zwanzig verschiedene Schokoladen mit einem Kakaoanteil von 100% zur Auswahl. Für Schokofans ist *Winterfeldt Schokoladen* eine der ersten Adressen in Berlin. Entsprechend kommt die Kundschaft nicht nur aus der Nachbarschaft. Dass hier im Café eine große Auswahl an hervorragenden Trinkschokoladen angeboten wird, hat sich ebenfalls längst herumgesprochen.

Wenn man die Schokoladen-Apotheke an einem Mittwoch oder einem Samstag besucht, kann man auf Berlins größtem und berühmtestem Wochenmarkt vorbeischauen. Seit 130 Jahren wird hier Obst und Gemüse verkauft, mittlerweile auch Hausrat, Mode, Schmuck und vieles andere. An die 250 verschiedene Stände gibt es. Ab und zu sieht man jemanden auf einer Bank sitzen mit seiner Lieblingsmedizin von *Winterfeldt*.

Winterfeldt Schokoladen:
Goltzstraße 23 / Ecke Pallasstraße, 10781 Berlin
Tel. (030) 236 232 56, www.winterfeldt-schokoladen.de

Makrönchen Manufaktur

Lieben Sie Macarons? Sind Sie ein passionierter Insider oder fragen Sie sich eher, was das eigentlich für ein interessant klingendes Backwerk ist? Macarons sind feine Süßwaren aus Mandelmehl und schon seit dem Mittelalter bekannt, haben jedoch zu Recht in den letzten Jahren ein mächtiges Revival erfahren.

Makrönchen ist Berlins bekanntestes Laden-Café mit eigener Manufaktur für ausgezeichnete Macarons. Gegründet im Jahr 2011 war es die erste Berliner Patisserie, die sich auf die Handfertigung von Macarons spezialisiert hatte.

Laura Leising, Mitte 30, gelernte Hotelfachfrau und studierte Diplom-Wirtin, bezeichnet sich selbst als »Genießerin von Kopf bis Fuß«. Als Laura Leising anfing, sich intensiver mit Macarons zu beschäftigen, wurde ihr bald klar: »Eigentlich gibt es keine andere Köstlichkeit, die Genuss, Lebensfreude, Sinnlichkeit und Natürlichkeit perfekter verkörpert als ein Makrönchen!« Die ausreichend geerdete Genießerin verfügte über genügend Know-how, um ihren Traum Realität werden lassen zu können. Heute steht ein neunköpfiges engagiertes Frauenteam hinter dem *Makrönchen*. Die Idee, sich »nur« mit Macarons und vor allem einfach mit einer Süßigkeit, die man selber schrecklich gern isst, selbstständig zu machen, hat funktioniert. Die Macarons, farblich harmonisch angeordnet in Pyramiden, sind eine Augenweide. Es gibt eine große Auswahl an Macarons: Madagaskar Vanille (Farbe: weiß), Espresso Macchiato (cremefarben mit Espresso-

puder), Maracuja-Vollmilch (gelb mit Kakaopulver) oder Dunkle Schokolade-Brombeere (lila). Ein besonderer Liebling von mir ist: Schoko-Minze. Toll sind auch die zweifarbigen Macarons Quark-Blaubeere (hellblauweiß) und Marzipan-Orange (orange-weiß). Ferner gibt es pikante Macarons wie Ziegenkäse-scharfe Mango, Roquefort-Feigensenf, Speck-Ananas, Kürbiskern-Curry oder Tomate-Basilikum-Parmesan. Das Team vom *Makrönchen* gibt auch Backkurse. Denn einfach ist es nicht, die kleinen unglaublich leichten Teilchen richtig hinzubekommen!

Doch »Mama Makrönchen«, wie Laura Leising intern genannt wird, hat noch mehr in petto: Sie bietet Jungunternehmerinnen und solchen, die es werden wollen, kompetente Gründungsberatung sowie ein Business Coaching an. Sie rekurriert dabei nicht nur auf eigene Erfahrungen. Sie ist zertifizierte Mediatorin, psychologische Beraterin und Trainerin für Gewaltfreie Kommunikation – und somit ein gutes Beispiel für Berlins Multi-Talente.

Makrönchen Manufaktur:
Apostel-Paulus-Straße 4, 10823 Berlin
Tel. (030) 788 967 49
www.makroenchen-manufaktur.de

Sissi Tortenmanufaktur

In Berlin haben sich viele Hersteller süßer Produkte für ein Spezialgebiet entschieden: Sie fertigen nur Marzipan, nur Donuts, nur Lakritzprodukte, nur Süßigkeiten aus Schaumzucker, nur Pralinen und so weiter. Nun könnte man meinen, »Torten« an sich wären auch schon ein Spezialgebiet. Weit gefehlt. Der Österreicher Martin Hartmann hat schon als kleiner Junge dem Großvater in der Backstube ausgeholfen. Einen »süßen Zahn« hat er immer gehabt. Im fernen Preußen hat er österreichische Backkunst vermisst. Kurzerhand hat er 2014 in Schöneberg eine Manufaktur ausschließlich für die von ihm kreierte *Sissi-Torte Berlin* gegründet. Und die Nachfrage ist da!

Die *Sissi-Torte* hat – für den Laien – Ähnlichkeiten mit einer *Sachertorte*, aber einem echten *Sissi-Torten*-Fan wird diese Aussage natürlich die Haare zu Berge stehen lassen. Entstanden ist eine runde Versuchung aus Cassis, Mokkatrüffel, Aprikose und Schokomantel – »garantiert österreichische Torten-Tradition als kosmopolitische Geschmacksentdeckung«, nennt Hartmann das.

Der Name der Torte geht auf die österreichische Kaiserin Elisabeth (1837-1898) zurück. Die Kaiserin und übrigens auch Romy Schneider, die mit den *Sissi*-Filmen Geschichte schrieb, liebten Süßigkeiten. Von Kaiserin Sissi ist bekannt, dass sie vom Hofzuckerbäcker Gerstner in Wien kandierte Veilchen bezog. Die Kaufbelege besitzt die Konditorei Gerstner noch heute. Bei der Recherche, wer denn nun wirklich als Erstes auf die Idee kam, eine *Sissi-*

Torte zu kreieren, stieß ich gleich auf mehrere Wiener und Füssener Traditionskonditoreien, Kurcafés und -hotels, die diese Innovationen für sich reklamieren. Alle haben eine weit über hundertjährige Geschichte, es ist immer ein Urgroßvater oder Urgroßonkel, der die fabelhafte Idee hatte – kurz, es lässt sich schlecht ermitteln.

Martin Hartmann behauptet gar nicht von sich, die erste *Sissi-Torte* erfunden zu haben, nimmt aber für sich in Anspruch, sie auf interessante Weise variiert und modernisiert zu haben. Die vielen Kunden, die die kaiserliche Torte bestellen, scheinen ihm Recht zu gegeben.

Vor einiger Zeit hat Martin Hartmann mit seinem Team ein Restaurant, das – Überraschung! – *Sissi* heißt, eröffnet.

Hier gibt es zum Nachtisch jedoch nicht »nur« *Sissi-Torte*, sondern auch Köstlichkeiten wie *Kaiserschmarrn mit Zwetschkenröster, Apfelstrudel mit Vanilleeis* oder *Marillenknödel mit Nussbutter und Himbeerschaum*. Seine Anteile an der *Sissi Tortenmanufaktur* hat Hartmann inzwischen übergeben, um sich ganz dem Restaurant widmen zu können. Nun führen gute Freunde, Stefan Diemer und das Unternehmer-Ehepaar Monika und Ralf Wilde, mit Begeisterung die Manufaktur fort. Handgefertigt werden die tollen, in mehreren Größen lieferbaren Torten nun von der alteingesessenen, sehr guten Berliner Traditionskonditorei Reichert. Die Wildes haben drei Jahrzehnte in Tokio gelebt. Zurückgekehrt sind die beiden mit vielen neuen Ideen, wie man die Verbreitung der *Sissi-Torte Berlin* noch fördern könnte. In Japan zeigt man schon reges Interesse.

Sissi Tortenmanufaktur GmbH:
Sigmaringer Str. 18, 10713 Berlin
Bestellungen: Tel. 0151 507 499 91 (Monika Wilde)
www.sissitorte.de

Das süße Leben

Das süße Leben in der Salzburger Straße. Das klingt erst einmal nach einem Kontrast. Tatsächlich aber ist *Das süße Leben* in diesem ruhigen Viertel mit alteingesessenem Einzelhandel nicht mehr wegzudenken. Die Einrichtung, die Tapete und die fröhlich-unbekümmerte Musik sind Reminiszenzen an die fünfziger Jahre. Im Schaufenster stehen alte Miniatur-Automodelle, hängen Bilder von James Dean, Elvis Presley und Marilyn Monroe. Glänzende High Heels aus Schokolade dürfen da nicht fehlen. Gründerin Ingrid Lang hat hier eine stimmige kleine Welt geschaffen.

Die Konditormeisterin stammt aus Hessen, die Eltern hatten eine bekannte Bäckerei. Lebhaft erzählt mir Frau Lang, wie sie im Jahr 2001 mit einer Freundin aus purer Passion *Das süße Leben* gegründet hat. Die beiden Freundinnen übernahmen eine Confiserie Ecke Wartburgstraße, renovierten sie und schufen eine für die damalige Zeit neuartige Art von Schokoladenfachgeschäft. Sie hatten den perfekten Zeitpunkt erwischt, denn gerade lief der Film *Chocolat* an, und der hat viele neue Schokoholics erzeugt. Die tatkräftigen Freundinnen waren damals Pionierinnen der neuen süßen Szene Berlin. Der Laden ist eine Augenweide. Herzstück ist die lange Reihe bauchiger Riesengläser voller Pralinen. Die ausgesuchte Vielfalt in dem kleinen Laden – von den ungeheuer guten Schokoküssen des Familientraditionsunternehmens *Mayer Junior* in Bremen bis hin zu den Pralinen aus eigener Herstellung – ist beeindruckend. Und immer kommt Kundschaft. Einmal brach der Laden halb auseinander, erinnert sich Frau Lang. Was war passiert? Die *Frankfurter Allgemeine Sonntagszeitung* hatte dem *Süßen Leben* den ersten Preis in einem bundesweiten Vergleich für den besten Zimtstern verliehen.

Ingrid Lang ist nicht einfach eine schokoladenbegeisterte Konditorin, sondern eine Schokoladen-Diva, eine Pralinen-Queen, hochelegant, mit einer Lockenwolke auf dem Kopf wie eine Baiserhaube, mit Grandezza und Stil. Vor kurzem ist Frau Lang nach fast 20 Jahren in den Ruhestand getreten. Die beiden neuen Inhaber, eine Portugiesin und ein Italiener, würden das bewährte Konzept nicht ändern. Aber ein paar südeuropäische Akzente, sehr gute *Pastel de Natas* und italienische Dolci,

findet man nun auch im *Süßen Leben*.

Und: Es gibt ein Schokoladen-Abonnement! Das hat noch Ingrid Lang eingerichtet. Die Zahl der Abonnenten wächst beständig.

Das süße Leben – Pralinen und Geschenke:
Salzburger Str. 7, 10825 Berlin
Tel. (030) 747 605 00
www.das-suesse-leben.de

Café Komine

In Berlin gibt es zwei japanische Konditoreien. Das *Kame* und das *Komine*. Während Sushi den Berlinern seit Jahrzehnten vertraut ist, ist über japanisches Naschwerk vergleichsweise wenig bekannt. Auf einer Japanreise, die ich einmal unternommen habe, hatte jede zweite Süßigkeit aus roter Bohnenpaste bestanden. Nicht ohne Skepsis fahre ich daher nach Schöneberg in die Nähe des Viktoriaparks zur Patisserie *Komine*. Doch welch interessante Welt tut sich mir hier auf! Hier zaubert der Japaner Shin Komine seit 2016 mit französischem Patisserie-Handwerk und japanischen Zutaten wie Yuzu-Gelee wunderbare Törtchen, aufgeschnittene Biskuitrollen, Eclairs und andere süße Kreationen. Allein der Anblick der Vitrine ist ein Traum. Zum Beispiel gibt es hier ein wunderbares raffiniertes Törtchen in der Form eines herabfallenden, geriffelten Rokokokleides namens *Mont Blanc*. Es besteht aus einer herrlichen Maronencreme mit einer Cassisfüllung auf einem Baiser-Kern und schmeckt genauso umwerfend, wie es aussieht. Die Geschichte hinter diesem süßen Berg steht sinnbildlich für die französisch-japanische Freundschaft. Eigentlich ist *Mont Blanc* ein französischer Klassiker. In den dreißiger Jahren brachte ein japanischer Unternehmer namens Sakota, der sich daran nicht sattsehen und essen konnte, diese Delikatesse von einer Europareise mit nach Japan. Dort stieß er auf begeisterten Zuspruch. In seiner Heimatstadt Jiyugaoka wird dieses Törtchen noch heute im von ihm eröffneten Café namens *Mont Blanc* verkauft und erfreut sich unge-

brochener Beliebtheit. Shin Komine hat also von klein auf in Japan dieses Törtchen kennen- und lieben gelernt. Europa hat ihn immer gereizt. Während seines Cello-Studiums und auch später als Konzert-Cellist lebt er immer wieder eine Zeit lang in Berlin und auch in Paris. Dort begeistert ihn die jeweilige Patisserieszene. Zurück in Japan, beschließt er einen beruflichen Neuanfang: Er möchte Patissier werden. In Tokio lernt er an der renommierten französischen Kochschule *Le Cordon Bleu*. Seine Ausbildung zum Patissier schließt er mit Bestnote ab. Danach zieht es ihn erst recht zurück ins plüschig-gemütlich-süße Europa. Wieder in Berlin, kommt ihm die Idee eines kulinarischen Crossovers. Er gründet die erste und einzige französisch-japanische Konditorei der Hauptstadt: *Komine*. Unter seinen Spezialitäten ist die *Forêt-noire-Torte* (*Schwarzwälder Kirschtorte*), wie er sie in Tokio gelernt hat. Bemerkenswert finde ich ein leuchtend rotes Törtchen mit Earl-Grey-Mousse und Erdbeerfüllung: eine englisch-französisch-japanische Mischung. Shin Komines Komposition aus herb, sauer und fruchtig ist ausgezeichnet. Noch ein heißer Tipp für alle, die gern ins *Komine* gehen möchten: 小峰に着席したい場合は事前予約をお勧めします – *Komine ni chakuseki shitai baai wa jizen yoyaku o o susume shimasu*: Wer im *Komine* Platz nehmen möchte, reserviert am besten im Voraus.

Café Komine:
Welserstraße 13-15, 10777 Berlin
Tel. (030) 224 779 55
www.cafekomine.de

Süßkramdealer

Der Laden mit dem einprägsamen Namen ist einer der ersten Orte, die im Zuge der süßen Renaissance in Berlin zu Beginn der Jahrtausendwende eröffneten. Einen Hang zu den schönen Dingen im Leben hatte Martin Hesse schon immer. Früher hat er Design-Lampen in Berlins berühmtem Leuchtenhaus *ARNO* verkauft, später Möbel im *Stilwerk*. Aber eigentlich wollte er sich immer selbstständig machen ...

Die wunderschöne historische *Loeser & Wolff-Cigarrenhandlung*, in welcher der *Süßkramdealer* heute untergebracht ist, hat Martin Hesse im Jahr 2005 zufällig vom Fahrrad aus entdeckt. Es war, so sagt er, Liebe auf den ersten Blick. Das Interieur von 1906 im prachtvollen Gründerzeitstil – vorwiegend aus Mahagoni und Eiche – ist nahezu komplett erhalten. *Loeser & Wolff* hatte im damals neu entstandenen großbürgerlichen Viertel Friedenau keine Mühen gescheut, um einen repräsentativen Verkaufsort zu schaffen. Anhand der Historie der alten Zigarrenhandlung lässt sich ein Stück Berliner Zeitgeschichte nachvollziehen. Niemand Geringeres als Hildegard Knef kam als kleines Mädchen regelmäßig hierher, um für ihren Vater Tabak zu kaufen. Die Familie lebte in der nahe gelegenen Bernhardstraße. Von ihren Besuchen in der Zigarrenhandlung berichtet sie in ihrer Autobiografie *Der geschenkte Gaul*. Martin Hesse war von der Lokalität und ihrer Geschichte so fasziniert, dass er innerhalb von vier Wochen den Laden mietete, auf Vordermann brachte und sein exklusives Geschäft für feine Schokoladen,

Pralinen, Trüffel, Kekse und – nicht zu vergessen – sehr guten Kaffee einrichtete. Später gelang ihm noch eine spektakuläre Ladenerweiterung. Durch einen Durchbruch im alten Mahagoniregal betreten die Kunden einen zweiten licht und modern gestalteten, neuen Verkaufsraum, den die bekannte Innenarchitektin Frédérique Desvaux entworfen hat. Es ist, als ob man mit zwei Schritten eine »Zeitschleuse« und 100 Jahre passiere, sagt Herr Hesse. Der Kontrast zwischen beiden Einrichtungsstilen könnte kaum größer sein, eine mutige Verbindung aus Tradition und Gegenwart. Sehr schön sitzt es sich draußen im Café-Bereich zum süßen Schmaus am ruhigen Varziner Platz.

Das Schokoladensortiment hat der *Süßkramdealer* über

Jahre hinweg liebevoll zusammengestellt. Neben vielen Klassikern findet man auch Newcomer-Manufakturen: »Alle persönlich getestet und für gut befunden«, so Herr Hesse. Der Kaffee wird eigens für ihn von einer kleinen Friedenauer Kaffeerösterei hergestellt. Der *Süßkram-dealer* ist weit über Friedenau hinaus eine erste Adresse für Süßes in Berlin. Herr Hesse kennt sich bestens aus und berät gern. Dabei hat er das Leuchten in den Augen, das den echten Connaisseur vom gelegentlichen Schleckermaul unterscheidet.

Süßkramdealer:
Varziner Str. 4, 12159 Berlin
Tel. (030) 850 777 97
www.suesskramdealer.de

Mamsell

Eine Mamsell war früher eine leitende Hausgehilfin oder Wirtschafterin. Die beiden Gründerinnen vom *Mamsell* haben sich sofort auf diesen feminin-tantigen, irgendwo zwischen Ironie und Tradition angesiedelten Namen einigen können, als sie 2005 beschließen, ein Schokoladen-Café-Geschäft zu eröffnen. Die jungen Frauen teilen die Begeisterung für die »guten Dinge des Lebens« und wollen das Schöne mit dem Funktionalen verbinden. Ein schönes Café, das sich zum vertrauten Kaffeeklatsch eignet, mit einem Angebot an guter Schokolade und anderen Leckereien, dazu hübsche und nützliche Accessoires. Das mit den Accessoires ist klug, denn nur mit Schokolade und gehaltvollem Kuchen kann es mit dem Geschäft im Sommer schwierig werden.

Mit der Tapete fing alles an: Iris Henderkes hat als gelernte Schneiderin einen Blick für Farben und Texturen. Die weinrote Tapete mit den goldenen Rosetten, die das *Mamsell* ziert, hat sie in einer Zeitschrift entdeckt und sich in sie »verliebt«. Zum Glück ist auch Kollegin Stefanie Strack hin und weg. Von der Tapete aus entwickeln die beiden ihr Farbkonzept. Die Rosette wird zum Logo des *Mamsell*, es ziert nun Postkarten, Flyer und Produkte der Hausmarke. »Das ist hier schon ein ›Lädchen für Mädchen‹«, so Henderkes. Es war den beiden aufgrund »eigener nicht immer guter Erfahrungen« wichtig, einen Ort zu kreieren, »an dem Frauen, auch gern allein, mal länger sitzen können und sich wohl fühlen«. Herausgekommen ist dabei ein äußerst geschmackvolles, gemütliches, öffentliches Wohnzimmer. Mittlerweile kommen die unterschiedlichsten Anwohner, was beide freut, denn: »Wir wollten nie so ein Café für nur eine Peergroup sein.« Auch nicht nur für Frauen.

Strack und Henderkes mögen eine entspannte Atmosphäre, keine Hektik. Und so kann man sich in Ruhe dem vorzüglichen Angebot an Schokoladentafeln und Kuchen, Tartes und kleinen süßen Leckereien widmen. Es gibt eine einzigartige Auswahl von acht verschiedenen Sorten *Kalter Hund*, geliefert von Uwe Marchlowitz von der *Alten Backstube* in Zehlendorf, die Torten sind von *Frau Behrens Torten* (s. S. 94). Ebenso beglückend ist das Angebot an tollen Accessoires – von Emaillegeschirr oder Gläsern von *Duralex* und anderen Küchenutensilien über tolle Pompom-Haarspangen von *Meri Meri*, Taschen und Quilts von *GreenGate* bis hin zu Papeterie-Artikeln.

Seit der Gründung sind mehr als 15 Jahre vergangen.

Die Kinder vieler Stammkunden haben die Mamsells groß werden sehen. Manch kleines Mädchen, das früher mit in den Laden trippelte, verabredet sich jetzt selber zum gemütlichen Kaffeeplausch an einem Tischchen nahe der famosen Rosettentapete.

Eine schöne Entwicklung sei, meinen die Inhaberinnen, dass mittlerweile auch Männer, die früher nur von ihren

Frauen in dieses süße gold-rot-rosafarbene Schatzkäst-chen mitgeschleppt wurden, auf einen Kaffee herkämen. Manchmal, freilich, bemerke man noch »kleine Unterschie-de«. So sagte neulich ein Kun-de: »Ich habe hier mal eine richtige Schneise in eure Nou-gat-Abteilung geschlagen!« Rasch bemüht sich Iris Hen-derkes, die Schneise wieder aufzufüllen.

Mamsell:
Goltzstraße 48, 10781 Berlin
Tel. (030) 921 229 00
www.mamsellberlin.de

Walter Confiserie

Die *Walter Confiserie* mit ihren wunderbaren zeitlosen Schokoladen-Nougat-Maikäfern von zum Teil beträchtlicher Größe und den großen saftigen Dominosteinen ist ein besonderer Liebling von mir. Die Confiserie gehört zu den wenigen Altberliner Traditionsmanufakturen, die zwei Kriege überstanden haben. *Walter* hat, neben der Manufaktur in Tempelhof, vier Geschäfte vornehmlich im Westteil der Stadt. Besonders der Laden am Olivaer Platz ist eine Augenweide für Nostalgiker. Das Logo, der Schriftzug *Walter*, ist seit über 100 Jahren unverändert geblieben.

Im Jahr 1915 legte der Chocolatier Hugo E. Walter mit einer Schokoladenmanufaktur in der Tempelhofer Theodorstraße 5a, Ecke Kaiserin-Augusta-Straße, den Grundstein zur Herstellung des feinen handgefertigten Naschwerks. Anfang der zwanziger Jahre eröffnete Walter am heutigen Tempelhofer Damm sein erstes Ladengeschäft. Filialen in Charlottenburg und Wilmersdorf folgten. *Walter* ist als Manufaktur für Schokoladen-, Ingwer-, Nougat- und Marzipanspezialitäten seit Generationen eine feste Instanz im Berliner Westen. Die exquisiten Trüffel- und Sahnespezialitäten aus Marzipan und Nougat enthalten weder Konservierungsstoffe noch künstliche Aromen oder Farbstoffe und werden handgefertigt. Absolute Frische ist oberstes Prinzip: Pralinen und Trüffel werden nicht gelagert, sondern erst nach Auftragseingang produziert. Die Dominosteine gewannen übrigens 2019 den deutschlandweiten Wettbewerb der *Frankfur-*

ter *Allgemeinen Sonntagszeitung* für den »besten Dominostein«. Ein alter, gern zitierter Firmenslogan ist: *Wer Walter-Ware weise wählt, wird Walter weiter wünschen.* *Walter* ist ein Stück West-Berliner Kulturgeschichte wie *Erich Hamann* oder *Sawade.* Am Olivaer Platz fühlt man sich wie in den Siebzigern oder Achtzigern. Ein Aufsteller vor dem Geschäft dort wirbt kurz und knapp mit *Allet juut hier.* Ein Markenzeichen von *Walter* sind die handgefertigten Holzkisten, in denen Pralinen verkauft werden. 25 Mitarbeiter stellen in Handarbeit jährlich fast 50 Tonnen Schokoladenspezialitäten her. Ich habe die Manufaktur in Tempelhof zweimal besucht und zugeschaut, wie Pralinen vorsichtig gegossen, Dominosteine geschichtet und den berühmten, äußerst gehaltvollen Maikäfern die Schleifchen vorsichtig umgebunden wurden. Die Gebäckspezialitäten der altehrwürdigen Marke *Faustmann*, die 2001 von *Walter* aufgekauft und damit gerettet wurde, sind ebenfalls frei von modischem Tand und sehr köstlich. Die alten Rezepturen wurden auch bei *Faustmann* nicht verändert. Hier findet man die Plätzchen wieder, wie sie früher bei Tante Erna auf dem goldumrandeten Tellerchen lagen. Bei *Walter* kann man sich die Mischung heute individuell zusammenstellen. Es gibt also doch kleine Tribute an den Zeitgeist. Nach Jahren der unbedingten Treue zum vielgepriesenen Original ist etwas Bewegung bei *Walter* hineingekommen. Seit 2018 führt Nils Hölterhoff die Geschäfte bei der *Walter Confiserie,* die neuen Eigentümer sind das Geschwisterpaar Caroline und Philip Tiedig. Und es scheint, dass diese Unter-Dreißigjährigen zunehmend von der auf Nachhaltigkeit statt Massenkonsum ausgerichteten, ebenso liebevollen wie zeitaufwändigen Herstellung fasziniert sind. Neben den Filialen in eher bürgerlich-tantigen West-Bezirken gibt es nun einen Pop-up-Store auf der coolen und

rauen Brunnenstraße in Mitte, an der Grenze zum Wedding. Hier soll es, eine Novität für *Walter*-Geschäfte, auch Kaffeeausschank geben. So-

fern sich die neumodischen Flausen in diesem Rahmen bewegen, bin ich einverstanden ...

Walter Confiserie:
www.walter-confiserie.de

Tempelhof:
Tempelhofer Damm 182-184, 12099 Berlin
Tel. (030) 265 633 49

Zehlendorf:
Teltower Damm 27, 14169 Berlin
Tel. (030) 811 423

Charlottenburg:
Olivaer Platz 17, 10707 Berlin
Tel. (030) 881 72 11

Mitte:
Brunnenstraße 13, 10199 Berlin
Tel. (030) 817 989 87

Mariendorf / Tempelhof:
(Werksverkauf in der Weihnachts- und Ostersaison)
Wolframstraße 95-96, 12105 Berlin
Tel. (030) 408 92 83 99

Weitere Empfehlungen für Schöneberg, Friedenau und Tempelhof:

Frau Behrens Torten (s. S. 94): Sündhaft gute Torten. Schönes Café in der Diekhardtstraße 1 / Ecke Rheinstraße 65, 12159 Berlin, Tel. (030) 470 12467. www.gugelhupf-berlin.de

Chocolaterie Estrellas: Feine Auswahl an Schokoladen, Pralinen und Konfekten. Außergewöhnliche Geschmacksrichtungen erweitern das Angebot der kleinen hübschen Chocolaterie von Esther Kempa. Sehr gute Bonbonauswahl. Akazienstraße 21, 10823 Berlin, Tel. (030) 789 566 46, www.estrellas-chocolaterie.com

Cupcakeladen: Frankenstraße 15, 10781 Berlin, Tel. (030) 91 571 354, www.cupcake laden.de

Koriat Kuchenmanufaktur: Brunhildstraße 3, 10829 Berlin, Tel. (030) 23 948 478, www.koriat.de

Frau Bäckerin: Eisenacher Straße 40, 10781 Berlin, Tel. (030) 68 074 565, www.frau baeckerin.com

Der BäckerMann: Die Schwabenbäckerei in Berlin. Südwestkorso 9, 12161 Berlin Tel. (030) 822 09 56, www. baecker-mann.de

FRIEDRICHSHAIN – KREUZBERG

Chocolateria Sünde

Kreuzberg und Schokolade, das scheint auf den ersten Blick nicht gut zusammenzugehen. Doch das Süße und das Verrückte schließen sich nicht aus. Deshalb muss kurz auf das interessante Hauswandgemälde *Süße Sünde* in der Kreuzberger Prinzenstraße, kurz vor der Ecke zur Wassertorstraße hingewiesen werden. Die Arbeit zeigt auf einer Hauswand einen explodierenden, angebissenen Apfel. Der Apfel stellt gleichzeitig die Erde dar. Noch kann man die roten, glühenden Kontinente auf der auseinanderfliegenden Frucht erkennen. Aus dem schönen Garten Eden kommend, symbolisiert der Apfel wie keine andere Frucht die »Sünden der Menschheit«. Auf der benachbarten Hauswand ist ein versprengtes Stück Apfel / Erde abgebildet – das abgebissene Stück –, das ins Nichts zu treiben scheint. Auf ihr sitzt, stellvertretend für die Menschheit, eine kleine Raupe Nimmersatt, die erstaunt zurückblickt. Sie steht vielleicht für unsere verspätete Erkenntnis, die Welt schützen zu müssen. Geschaffen wurde das Werk im Jahr 2015 von den Schweizer Streetartists Onur Dinc und Remo Lienhard alias Onur & Wes21 – in Zusammenarbeit mit *URBAN NATION*, Berlins Netzwerk für Urban Contemporary Art. Regelmäßig lädt das Berliner Netzwerk nationale und international bekannte Streetart-Künstler ein, triste Fassaden im urbanen Raum künstlerisch zu gestalten.

Süße Sünde – Mural, Prinzenstraße 19, 10969 Berlin, www.urban-nation.com/de/2 014/06/one-wall-by-urban-na tion

Der Heinrich-Platz ist einer der liebenswertesten und interessantesten Plätze Kreuzbergs. Er beherbergt eine solche Vielzahl an unterschiedlichsten gastronomischen Einrichtungen und Geschäften aller Art auf engem Raum, wie man sie selten findet: Da gibt es alte linke Szene-Bars und Cafés wie das *Jenseits*, das *Bateau Ivre* und die *Rote Harfe*, nicht zu vergessen die Raucherkneipe *Zum Elefanten*, ferner Altberliner Kaschemmen, esoterische Buchhandlungen wie das *Mondlicht*, das Hanf-Haus, natürlich einen Falafel-Laden (mit dem schönen Namen *1001 Falafel*), einen Sushi-Laden (*Com A*) und den alten Pionier-Bioladen *Kraut & Rüben*, gegründet 1978 von einem Frauenkollektiv, wenige Meter dahinter in der Mariannenstraße folgt die türkische Bäckerei *Melek* (zu deutsch: Engel). Und: Hier befindet sich die wunderbare *Chocolateria Sünde*. Inhaberin Naciye Kilic hat die Sünde im Jahr 2012 eröffnet. Ihre Eltern stammen aus Anatolien, sie ist in Kreuzberg geboren. Kilic hat Sozialpädagogik studiert, aber sie wollte lieber ein eigenes Geschäft führen. Natürlich im Kiez. Auf die Idee mit der Schokolade bringt sie ihr Papa, ein Diabetiker, der aufs Naschen nicht verzichten kann: »Lieber sterbe ich mit einem Stück Schokolade im Mund!« Und er hat ihr, so Naciye, die Inspiration gegeben, den Menschen mit Süßigkeiten eine Freude zu machen. »Süße Sünden sind etwas Positives«, sagt sie. Und: »Sündigen heißt frei leben.« Ihr Laden sieht entsprechend ein wenig anders aus als andere Schokoladen-Oasen in Berlin. Kaum ist man drinnen, wird man schon von einem Schild begrüßt: *Alle Sünder willkommen!* Das Thema Sünde nimmt hier einen großen Raum ein. Und die Verkäuferin sieht aus wie eine SO-36-Mischung aus Engel, Barbie, Cicciolina-Nachfolgerin und eigenwilliger Künstlerin.

Die rückwärtige Wand vom Café-Bereich ist über und über

mit Madonnen-Motiven dekoriert. Die Inhaberin hat ein sehr vielseitiges Madonnen-Schokoladen-Sammelsurium zusammengetragen. Die Einrichtung des Laden-Cafés hat unbedingt ihren speziellen Reiz. Im hinteren Teil der *Süßen Sünde* kann man wunderbar auf samtbezogenen Möbeln sitzen und sich wie eine wahre Chocolate Lady fühlen. Wenn man dann noch eine der sehr guten heißen Schokoladen hier trinkt (ich empfehle *Dunkle Schokolade mit Orange*), dann fehlt einem zumindest für eine Kakaolänge nicht viel zum himmlischen Glück.

Zwischen all den Madonnen-Abbildungen und allerhand Trödel findet sich eine gute Auswahl an erstklassigen Schokoladen: von *Berger* und *OHDE* über *Blanxart*, *Chocolate Stella* bis hin zu *Menakao* (Schokolade aus Madagaskar). Neben den edlen Sorten stehen Papptüten mit Aufschriften wie dem Schoko-holic-Klassiker *Schokolade ist Gottes Antwort auf Brokkoli* und *Corona-Drama-Bag* voller Sweets. Für echte Sünder gibt es hier noch *Salty Joe's – Swedish Adult Premium Liquorice* mit einem äußerst kernigen Seefahrer auf der schwarzen Tüte, ferner Flaschen mit Kakao-Likör. Den habe ich noch nirgendwo anders entdeckt. Nicht zu vergessen: In der lustigen Fünfziger-Jahre-Vitrine finden sich einige Leckereien – verschiedene Kuchen, Kalter Hund und Macarons, anderes Kleingebäck. Auch hier gibt es keinen vorherrschenden Stil, aber das macht nichts. Nicht am Heinrichplatz.

Chocolateria Sünde:
Oranienstraße 194, 10999 Berlin
Tel. (030) 639 615 20
www.chocolateria-suende.de

Kuchen Kaiser

Der *Kuchen Kaiser* ist eine Kreuzberger Institution. Und zwar seit 1866! In jenem Jahr gründete Conrad Kaiser die *Conditorei Café Kuchen Kaiser* am Oranienplatz. Das Haus war damals hierfür errichtet worden, mit Konditorei, Backstuben und großer Kaffeehalle im Erdgeschoss. Die Angestellten, in den besten Zeiten um die 100 Personen, wohnten sogar im *Kuchen-Kaiser*-Haus.

Der *Kuchen Kaiser* war damals hochmodern: Er besaß (ab 1890) die erste Drehtür in einem Eingangsbereich in Berlin, aus der so mancher verängstigte Gast von den Kellnern befreit werden musste! Die Dreiräder mit Koffer-Aufbau, die vom *Kuchen Kaiser* für Transporte verwendet wurden, wurden bald stadtweit bekannt. Viele zeitgenössische Schriftsteller, Kompo-nisten und Musiker besuchten den *Kuchen Kaiser*. Der Lieddichter und Coupletsänger Otto Reutter, Verfasser von »Berlin is' ja so groß« und »Berlin, Berlin, trotz alle deine Fehler lieb ick dir mehr wie jede andre Stadt«, war hier gern zu Gast. Im Ersten Weltkrieg wurde die gesamte Automobilflotte für den Kuchentransport für sanitäre Transporte an der Westfront eingesetzt – samt dazugehörigen Fahrern. Doch nach dem Krieg ging es weiter mit dem *Kuchen Kaiser* – und den besonderen Ereignissen. Im berühmten Zeppelin *LZ 129 Hindenburg*, dem größten Luftfahrzeug aller Zeiten, wurden Kuchen vom *Kuchen Kaiser* für die Verkostung an Bord mitgeführt – bis er 1937 bei der Landung in Lakehurst abbrannte. Die Firmengeschichte verzeichnet auch gelegentliche Lieferun-

gen ins Reichsaußenministerium. Jedoch sollen die Geschäftsbeziehungen ein jähes Ende genommen haben, als zu Silvester bereitgestellte Pfannkuchen vom Personal – wohl versehentlich, aber wer weiß das schon genau – vertauscht worden waren und die Gäste des Reichsaußenministers allesamt in Senfpfannkuchen bissen.

Nach dem Zweiten Welt-

krieg hatte *Kuchen Kaiser* durch Plünderungen, Kriegsschäden und die plötzliche Randlage an der Mauer wirtschaftliche Probleme und musste 1957 schließen.

Über vierzig Jahre später, 1998, eröffnete ein neuer Inhaber am selben Ort wieder ein *Café Kuchen Kaiser* (jetzt auch mit internationaler Küche und Restaurant). So schön wie früher, vor Krieg und Zerstörung, ist es nicht mehr eingerichtet, aber trotzdem ein besonderer und leckerer Ort. Ob *Stachelbeer-Baiser-Torte* oder *Kaiserschmarrn* – man kommt hier auf seine Kosten. Die Tortenstücke sind riesig. Beeindruckend sind die den Kreuzbergern angepassten Öffnungszeiten: täglich von 9 Uhr morgens bis 2 Uhr nachts.

Kuchen Kaiser:
Oranienplatz 11-13, 10999 Berlin
Tel. (030) 614 026 97

Art en chocolat

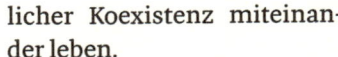

Den Oranienplatz in Kreuzberg verbindet man eher mit Bier, Spirituosen oder Hanf als mit Schokolade. Doch die verschiedenen Genussmittel können in diesem toleranten Kiez gut in friedlicher Koexistenz miteinander leben.

Art en Chocolat, Kunst und Schokolade, nennt sich Angela von Talliáns kleines feines Schokoladen-Paradies direkt am Oranienplatz. Konzept des Ladens ist, neben dem Eisverkauf sehr gute Tafelschokolade und Pralinen mit interessanten Gewürzen zu verbinden. Dabei wird vermieden, nur wilde Mischungen anzubieten, die man der Exotik und tollen Optik halber genau einmal kauft.

Angela von Tallián setzt auf schmackhafte Kombinationen. Die Tafeln und Pralinen sind kleine Kunstwerke, vor allem aber stehen die Kunden hier für das gute original italienische Eis Schlange. Wenn man aus dem *Kuchen Kaiser* herausfällt, steht man quasi schon an zum *Art en Chocolat*-Eisverkauf! Falls kurzfristig Überzuckerung droht: Im *Art en Chocolat* gibt es auch Suppen, Tramezzini oder Pastagerichte. Sehr sympathisch: Die Café-Betreiberin bietet nach dem süßen Genuss ein situativ stimmiges Sportprogramm an. Man kann bei ihr (neben Liegestühlen) auch Boccia-Kugeln ausleihen, um auf dem Oranienplatz eine Runde zu spielen. *Art en chocolat* – eine runde Sache.

Art en chocolat:
Oranienplatz 15, 10999 Berlin
Tel. 0179 706 31 67
www.art-chocolat.de

Frau Behrens Torten

Um es gleich zu sagen: Süßschnäbel kommen um *Frau Behrens Torten* nicht herum. Die *Berliner Morgenpost* sprach mal von einer »Traumfabrik für Torten«.

Victoria Fernandez hat schon als kleines Mädchen gern gebacken. Später fand sich die Spanierin als alleinerziehende Mutter in ihrer Wahlheimat Berlin wieder mit der Frage, womit würde ich denn gern Geld verdienen? Kaum zu glauben, was aus dem ersten kleinen Business – Torten und Kuchen aus dem heimischen Backofen, die Frau Fernandez zu Fuß oder per Fahrrad zu ihren Kunden brachte (ein Auto besaß sie nicht) – gute fünfzehn Jahre später geworden ist: ein veritables Torten-Imperium mit drei tollen Standorten, u. a. im schönen Bergmannkiez! Hier ist *Frau Behrens Torten* eines der wichtigsten Cafés im Kiez: liebevoll, originell, gemütlich und verspielt von Frau Fernandez selber eingerichtet.

Über 100 verschiedene Torten, Tartes und Kuchen hat *Frau Behrens* im Angebot, einige davon für den Außer-Haus-Verkauf, darunter so spannende und äußerst wohlschmeckende Kreationen wie den Feigen-Marzipan-Kuchen, den leichten andalusischen Möhrenkuchen, die französische Orangen-Mandel-Tarte, die sündhaft gute Schoko-Mousse-Maracuja-Torte, die göttliche Tiramisu-Himbeer-Torte, die fulminante Walnussbombe oder – mein persönlicher Favorit – die luftige Stachelbeer-Baiser-Torte. Die Rezeptideen entwickelt sie selbst. Käsekuchen-Fans können sich an einer großen Vielfalt delektieren. Klassiker wie die Linzer oder die Sachertorte gibt es natürlich auch. Mittlerweile hat *Frau Behrens Torten* auch viele vegane Angebote, die genauso lecker sind.

Doch wieso der Name »Frau Behrens«? Dazu erzählt Victoria Fernandez folgende Geschichte: Es gibt da eine ältere Dame, die ihr in der Anfangszeit unter die Arme gegriffen und geholfen hat, als sie noch allein zu Hause in der Küche buk, besagte Frau Behrens. Victoria Fernandez versprach ihr, sollte sie mal ein eigenes Café haben, dann würde sie es nach ihr benennen. Gesagt, getan. Und noch heute hilft Frau Behrens manchmal aus ...

Frau Behrens Torten
www.gugelhupf-berlin.com

Kreuzberg:
Bergmannstraße 3
10961 Berlin
Tel. (030) 206 78 257

Charlottenburg:
Wilmersdorfer Straße 96-97
10629 Berlin
Tel. (030) 88 912 864

Friedenau:
Dickhardtstraße 1
12159 Berlin
Tel. (030) 47 012 467

Berliner Naschmarkt

Seit 2011 gibt es in Berlin ein echtes Fest der Süßen: den *Berliner Naschmarkt*, der zweimal jährlich, vor Weihnachten und vor Ostern, in der *Markthalle Neun* in Kreuzberg stattfindet. Es ist *der* Markt für handwerklich hergestellte Süßigkeiten in Berlin. Die *Markthalle Neun* ist eine von drei noch erhaltenen Markthallen in Berlin. 120 Jahre nach der ersten Inbetriebnahme wurde sie im Jahr 2011 als Markthalle für hochwertige Lebensmittel wiedereröffnet. Der Schwerpunkt liegt auf regional und nachhaltig erzeugten Produkten. Hier finden ein Wochenmarkt, ein Streetfood-Markt, das *Stadt-Land-Food-Festival* sowie eben der berühmte *Berliner Naschmarkt* statt. In den vergangenen Jahren hat sich der *Naschmarkt* zu einem Publikumsmagneten entwickelt.

Kiezbewohner wie Touristen streichen sich den nächsten Termin dick im Kalender an. Was kann man hier an Leckerem nicht alles finden! Viele der in diesem Buch vorgestellten Manufakturen sind regelmäßig auf dem *Naschmarkt* vertreten. Für mich ist es eines der schönsten kulinarischen Happenings in Berlin. Die neuesten, witzigsten und interessantesten Manufakturen, Bäcker, Konditoren, Patissiers, Chocolatiers, Bonbon- und Eishersteller sowie Imker präsentieren ihre neuesten Kreationen und sind immer für einen Plausch bereit. Man kann vor Ort viele neue Produkte erst einmal wie auf einer Messe probieren. Auf jedem Naschmarkt findet stets eine Art Liveshow statt, in der ein Produzent sein neuestes Produkt verkosten lässt und Fragen dazu beantwortet.

Diese Vorführungen sind besonders beliebt.

Die Idee zum *Naschmarkt* geht auf die Süßmäuler Pamela Dorsch und Udo Tremmel zurück. Dorsch, Diplom-Sozialwissenschaftlerin, Coach und Gender-Trainerin, und ihr Partner, Diplom-Soziologe und Veranstalter in den Bereichen Lebensmittel, Kultur und politische Bildung, haben das *Büro für kulinari-sche Maßnahmen* gegründet. Sie widmen sich Themen wie nachhaltige Lebensmittelproduktion, zeitgemäße Esskultur und verantwortungsvoller Genuss – und zwar bewusst an zwei verschiedenen Orten, in der quirligen Metropole und in der Provinz, in Stralsund, wo sie »kulinarische Aufbauarbeit« betreiben. Die beiden sind stets bestens über die süße Szene informiert. Sie sprechen selten von sich, lieber weisen sie auf diesen oder jenen neuen Stern am Zuckerhimmel hin.

Hier haben sich zwei in den Dienst einer Sache gestellt. Wenn es mal nicht ums Süße und um die Hauptstadt geht, beschäftigen sich die Ernährungsprofis in ihrem zweiten Zuhause, in Stralsund, mit Überlegungen zu nachhaltigem Tourismus und einer entsprechenden Gastronomie an der Ostsee oder kümmern sich um die Stärkung von Hofkäsereien in Vorpommern ...

Partner des *Büros für kulinarische Maßnahmen* ist neben der *Markthalle Neun* der

Verein mit der süßen Schnecke als Logo: *Slow Food Berlin*, der lokale Ableger des international agierenden Vereins für eine nachhaltige Esskultur.

Auf dem Naschmarkt wird jedes Jahr der Preis *Die Süße Schnecke* verliehen. Die Jury setzt sich stets neu aus Sterneköchen, Food-Journalisten und anderen Branchenexperten zusammen. Einmal war ich mit von der Partie. Eine schönere Tätigkeit kann man sich kaum vorstellen!

Berliner Naschmarkt:
Markthalle Neun, Eisenbahnstraße 42/43, 10997 Berlin
www.naschmarkt-berlin.de
www.kulinarische-massnahmen.de

pars pralinen – Kristiane Kegelmann

Kristiane Kegelmann gehört zu den ungewöhnlichsten Konditorinnen-Künstlerinnen, die Berlin derzeit zu bieten hat. Kegelmann, erst 31 Jahre alt, hat sich mit dem Material Schokolade schon auf zwei sehr unterschiedliche Weisen auseinandergesetzt. Sie ist ausgebildete Konditorin und Chocolatière, hat ihren Meister gemacht und beim Hofzuckerbäcker *Demel* in Wien gearbeitet. Sie ist aber auch Bildhauerin und Performerin. Vertreten wird ihr Werk von der Galerie *birds and richard*, die in Berlin und Albuquerque (New Mexico) ansässig ist.

Die Wandelbarkeit von Schokolade, flüssig, fest, weich, flockig, verschwunden (aufgegessen) ist dabei für experimentelle Künstler wie sie sehr reizvoll. Sie hat auch Performances mit Schokolade veranstaltet. Ihre Torten sahen nicht so aus, wie man es gewohnt ist, sie erinnerten eher an abstrakte Kunst, an Werke von Donald Judd oder Sol LeWitt. Die Pralinen könnten Miniaturen von Richard Serra sein. Manche sehen aus, als wären sie einem kubistischen Gemälde entsprungen – oder dem Weltall. Kristiane Kegelmann wird mal als Eat-Art-Künstlerin, mal als Patissière, als Chocolatière, als Food-Designerin, als Konzept- oder Performancekünstlerin oder eben als Bildhauerin bezeichnet. Vor einiger Zeit hat sie ihre eigene, besondere Pralinen-Manufaktur *pars pralinen* gegründet, die ihre unterschiedlichen Tätigkeitsfelder kongenial zusammenführt. Kegelmanns Pralinen sehen aus wie Edelsteine, Broschen, Elemente von Ketten oder wie andere Schmuck-

stücke. Alle Pralinen werden in Handarbeit, »mit viel Sorgfalt und Liebe« hergestellt. Dabei verwendet sie nur wenige Zutaten, strebt »intensive und pure« Geschmackskompositionen (Kegelmann) an. In ihrem kleinen Schoko-Studio-Atelier in Kreuzberg stehen die Regale voll mit bunten Einmachgläsern. Gern greift Kristiane Kegelmann auf ungewöhnliche Rohstoffe, Lebensmittel und Gewürze zurück: Rote Beete, Bergamotte, Kardamom, Wermut, Buchweizen, Heu, Topinambur, Fichtenspitzen oder Wilder Wacholder vertragen sich nämlich vorzüglich mit den Kakao-Aromen. Die Pralinen werden in kleinen Kästchen mit abstrakter Gestaltung verpackt, natürlich individuell. Keine Praline gleicht der anderen. Aber das ist noch nicht alles: Man kann für Veranstaltungen aller Art – von Geburtstag über Hochzeit bis Firmen-Event – auch eine »kulinarische Inszenierung« bei Kristiane Kegelmann buchen. Dann werden Pralinen-Skulpturen »installativ in Szene gesetzt«.

Kegelmann denkt neu über die Dessertkultur nach. Ihre Pralinen sind nicht nur handwerklich und geschmacklich gut, sondern haben zudem eine philosophische Botschaft. Indem Kegelmann Essen als Kunst deklariert, gibt sie dem Lebensmittel eine Aura des Wertvollen und Erhabenen. Der Billigschokolade im Supermarkt setzt sie das ultimative Schoko-Schmuckstück-Unikat entgegen. Einzigartig!

pars pralinen – Kristiane Kegelmann:
Manufaktur – Online-Verkauf
Schönleinstraße 6, 10967 Berlin
www.parspralinen.com
www.kristianekegelmann.com

Alles Zucker! Dauerausstellung im Deutschen Technikmuseum

Selbst wenn Sie nur ein paar meiner Tipps für süße Orte in Berlin verfolgt haben, sind Sie spätestens jetzt hoffnungslos überzuckert. Da ist es sicher eine gute Idee, sich dem Thema Zucker einmal von einer anderen Seite zu nähern. Im Kreuzberger *Technikmuseum* gibt es die Dauerausstellung über die spannende Geschichte dieses Biomoleküls: *Alles Zucker! Nahrung – Werkstoff – Energie*. Denn: Zucker ist weit mehr als ein Inhaltsstoff von Schokolade, Pralinen oder Bonbons. Es gibt nur wenige Dinge auf der Welt, die nichts mit Zucker zu tun haben! Zellulose und Chitin kommen in der Natur massenhaft vor. Pflanzen bestehen aus der Zuckerverbindung Zellulose. Alle Bioenergieformen gehen letztlich auf Zucker zurück. Am bekanntesten ist die Vergärung zum Alkohol Ethanol, den wir als 10%-igen Zusatz im Benzin (E10) von der Tankstelle kennen. Aber auch zu anderen Bioenergieträgern wie Biogas oder -diesel erklärt die Ausstellung den Zuckerbezug. In der Ausstellung werden zudem neue Technologien zur Nutzung von Zuckermolekülen als Energiespeicher, Bioreaktoren oder Baustoffe für alles, was der 3-D-Drucker herstellen kann, vorgestellt. Auch die frühen Kunststoffe wie das Zelluloid haben Zuckerkettenmoleküle als Grundstoff. Abbaubare Kunststoffe sind derzeit groß im Kommen, um Plastikmüll zu vermeiden. Ihre Rohstoffe sind ebenfalls meistens Zuckermoleküle. Spannend ist der historische Rückblick. Denn die »Königin der Feldfrüchte«, die Zuckerrübe, stand einst für eine agrarindustrielle Revolution.

Ende des 19. Jahrhunderts war Rübenzucker der wichtigste Exportartikel des Deutschen Reiches. *Alles Zucker!* erklärt, wie diese züchterische Innovation eine ökonomische Revolution in der Landwirtschaft ausgelöst hat.

Mit dieser Dauerausstellung hat das ehemalige *Zucker-Museum*, das ab 1904 im *Institut für Zuckerindustrie* im Wedding untergebracht war, im *Deutschen Technikmuseum* ein würdiges neues Zuhause gefunden.

Deutsches Technikmuseum:
Trebbiner Straße 9, 10963 Berlin, Tel. (030) 902540
www.sdtb.de/technikmuseum/ausstellungen/2504/

Olivia – Tartes und Schokoladen

Friedrichshain, Wühlischstraße. Einst Arbeiterbezirk, jetzt hipper Kultur- und Fashion-Kiez, immer noch an vielen Ecken berlinerischlotterig. Hier findet sich eine der ersten Adressen in Sachen Schokolade. Die Manufaktur mit angeschlossenem Laden und Café *Olivia*. Das mit der »ersten Adresse« ist durchaus auf zwei Weisen zu verstehen: Das *Olivia* gehört zu den Pionieren der neuen süßen Welle in Berlin, und es ist ein besonders gutes Geschäft für erlesenes Naschwerk und tolle französische Tartes.

Wie so oft steht eine starke, interessante Frau hinter dieser Erfolgsgeschichte: Daniela Kiefer kommt aus dem Sachsen-Anhaltinischen zum Studium nach Berlin. »Ich hab im *Olivia* gejobbt, bei Olivia Kaufmann, der ehemaligen Chefin«, erzählt sie. Zu Hause auf dem Dorf hat sie schon immer viel gebacken. Ihr hat es so gut bei *Olivia* gefallen, dass sie 2014 auf Wunsch ihrer Chefin den Laden übernimmt.

Frau Kaufmann hatte 2005 mit dem *Olivia* einen der ersten Feinkostläden in Friedrichshain eröffnet. »Das war damals etwas Besonderes hier«, so Kiefer. Aber dann war den beiden Frauen aufgefallen, dass nach der Wende eine ganze handwerkliche Backtradition aus dem Osten »den Bach hinuntergeht«. Viele alte Bäckereien schlossen. Die neue Backketten-»Kultur« fanden sie fürchterlich. Und so ergab es sich, dass *Olivia* immer mehr zum süßen Ort wurde – um das Traditionshandwerk zu feiern, die guten Zutaten. Bald entwickelte sich *Olivia* zum ausgereiften Schokoladen-Fachgeschäft-Tempel.

Den wichtigen Preis der Berlin-Brandenburgischen Süßwarenszene *Die Süße Schnecke*, den Slow Food gemeinsam mit der *Markthalle Neun* und dem Büro für kulinarische Maßnahmen vergibt, hat das *Olivia* schon gewonnen: für eine feine *Zitronen-Tarte*.

Daniela Kiefers Konzept sieht vor, dass hier »kein Sammelsurium« angeboten wird: *Olivia* konzentriert sich auf Tafelschokolade, Pralinen, sehr schöne handbemalte Kekse und hausgemachte Tartes. Sie berät ihre Stammkunden eingehend, kennt deren Geschmack. Eine »qualifizierte Kundenberatung« sei ihr wichtig. Eigentlich wollte Daniela Kiefer ja Landschaftsplanerin werden. Aber: »Ich mache jetzt halt Schokoladenlandschaften!«, erzählt sie lachend. Und: »Ich mache das Leben der Kunden nicht grüner – sondern süßer!«

Die Strenge der Produktauswahl findet sich auch in der Gestaltung vom *Olivia* wieder: Alles ist in Weiß gehalten. Alles glänzt, strahlt und leuchtet. Wie die bunte Kundschaft draußen. »Das hier ist der perfekte Catwalk«, meint Kiefer zufrieden. Wenn man im *Olivia* ist, vergehen kaum fünf Minuten, ohne dass jemand vorbestellte Tartes abholt. Das *Olivia* ist eben der Gral für gutes Süßes im Kiez.

Kiefer probiert auch gern Neues aus, spielt mit herben und säuerlichen Aromen wie in ihrer *Kaffee-Cherie-Tarte* (mit Sauerkirschen). Allzu viel Exotik mag sie jedoch nicht. »Ein paar unserer Klassiker müssen wir immer im Angebot haben, das erwarten die Kunden.« Als da wären die *Dreierlei-Schokoladen-Tarte*, die sündhaft leckere *Himbeer-Mousse-au-Chocolat-Tarte* und die schlichte gute *Apfel-Schmand-Tarte*, die immer schnell ausverkauft sei.

Daniela Kiefer stellt fest, wie sich Friedrichshain verändert. Als sie angefangen hat, waren die Leute »noch nicht so interessiert daran zu heiraten«. Jetzt sei das ein großer Trend. Und deshalb wollen sie plötzlich Hochzeitstorten bestellen. Daran habe »vor 20 Jahren kein Mensch gedacht«. Ferner gebe es einen Trend zum *naked cake*, so Kiefer: puristisch-elegant, ohne Sahne, Creme, Fondant oder Marzipan, was oft alle anderen Geschmacksnuancen übertünchen würde. Stattdessen eher mit viel frischem Obst. Das komme ihr entgegen: nicht zu viele verschiedene Produkte, kein Durcheinander. Einfach nur sehr gut. Minimalistisch-schön und atemberaubend lecker. Das *Olivia* ist seit fast zwei Jahrzehnten ein wichtiger Ort auf Berlins süßem Stadtplan.

Olivia – Tartes und Schokoladen:
Wühlischstraße 30, 10245 Berlin
Tel. (030) 605 003 68
www.olivia-berlin.de

Herr Nilsson GODIS –
Original Skandinavische
Süßigkeiten seit 2011

Pippi Langstrumpf war Astrid Lindgrens zweites Buch, es erschien 1945. Und obwohl zunächst von Lindgrens schwedischem Verlag abgelehnt, wurde die Geschichte um ein unangepasstes, wildes und witziges Mädchen zum Welterfolg, der bis heute anhält.

Was hat das alles mit dem netten Laden *Herr Nilsson GODIS* zu tun? Eingeweihte wissen natürlich Bescheid: *Herr Nilsson* ist der Name des kleinen Totenkopfäffchens, welches Pippi auf ihren verwegenen Abenteuern begleitet. Dieses Äffchen mit Zylinder findet sich im Logo von *Herrn Nilsson* wieder. Und Godis ist das schwedische Wort für Süßigkeiten. Das klingt ähnlich wie das englische *goodies* für Leckerbissen.

Vor neun Jahren hat Daniel Lippert, der lange in Göteborg gelebt hat, mit seiner schwedischen Lebenspartnerin Kasja Molin in Friedrichshain ein Geschäft mit skandinavischen, überwiegend schwedischen Süßwaren eröffnet. *Herr Nilsson GODIS* sollte ein kleines Stück Heimat für Berlinbesucher und Neuberliner aus Skandinavien sein. Den Namen *Herr Nilsson* kennt man sowohl in Schweden wie auch in Deutschland, meint Lippert, »daher hat das gut gepasst. Schließlich war es unsere Idee, die beiden Länder zu verbinden.« Und Berlin sei der »perfekte Ort«, um so etwas auszuprobieren.

Was gibt es denn nun an Godis bei *Herrn Nilsson* zu erstehen? Zunächst: Der Laden in der Wühlischstraße wie auch die Filialen im Prenzlauer Berg sind sehr geschmackvoll, skandinavisch-schlicht eingerichtet. Graue Wände treten

zurück und geben den Blick frei auf das Wesentliche: die unglaublichen Riesentheken voller Süßigkeiten in allen erdenklichen Formen und Farben! Um die 150 verschiedene kann man hier erstehen! Die Sweets sind allesamt Originalware und werden ständig aus Skandinavien geliefert. Überraschung: Die Farbstoffe der zum Teil recht leuchtenden Leckereien sind natürlichen Ursprungs. Schweden ist Vorreiter beim Verbot synthetischer Lebensmittelfarben. Das kommt nicht von ungefähr: Keine andere Nation nascht so viel wie die Schweden. Schweizer, Deutsche und Belgier belegen die ersten Ränge bei Schokolade, die Schweden, gefolgt von Dänen und Finnen, aber beim Gummizeugs. Damit es nicht langweilig wird, denken sie sich immer neue verrückte Kombinationen aus. Da gibt es Schneebälle aus Karamell, Lakritz in Rentierform, die *Bamsemums* (Schaumzuckerbären mit einer Hülle aus Milchschokolade), *Hallonbatar* (Himbeerboote) oder *Pastellfiskar* (Pastellfische). Die gaumenfreundlicheren dänischen *Schokofanten* findet man ebenso wie die extrem salzigen *Lakkris Djöflar* (Lakritz-Teufelchen) aus Island oder finnische *Tyrkisk Peber* (Türkischer Pfeffer) mit Salmiak-Pfeffer-Füllung, der ganz schön einheizt – »in Wodka aufgelöst ein Party-Geheimtipp«, wie ich schaudernd erfahre. 150 Sorten in loser Form, sogenannte *Lösgodis* (Süßigkeiten zum Selbstabfüllen), warten akkurat sortiert in Plastikbehältern auf ihre Kundschaft. Mit Schippe oder Zange kann man hier eintüten, wonach das Auge begehrt, zu einem Preis von 1,60 Euro pro 100 Gramm. Offenbar kommen schwedische Süßigkeiten so gut in Berlin an, dass es nun noch einen anderen sehr schönen Laden gibt: das *Naschhaus* mit Sitz in der Schreinerstraße in Friedrichshain, der sich mit einem ähnlichen Konzept ebenfalls auf Süßigkeiten aus Schweden spezialisiert hat (Anschrift s. S. 120).

Herr Nilsson GODIS:
www.herrnilsson.com

Friedrichshain:
Wühlischstraße 58, 10245 Berlin
Tel. (030) 545 945 85

Prenzlauer Berg:
Stargarder Str. 58, 10437 Berlin, Tel. (030) 604 086 86
Immanuelkirchstraße 22, 10405 Berlin
Tel. (030) 983 971 38

Verzuckert

Johanna Behrends hatte 160 Jahre süßer Familientradition im Gepäck, als sie mitten im bunten, hippen Friedrichshain ihr süßes Start-up begann. Aufgewachsen ist die junge, fantasievolle Konditorin in Osterburg, in der Altmark (Sachsen-Anhalt). Schon ihr Ururgroßvater war Bäckermeister gewesen. Später erweiterte sich die Bäckerei zum Café. In der DDR-Zeiten musste die Familie ihr Konditorei-Café unter staatlichem Druck an die Stadt Osterburg verpachten. Daher verkündet die Familienhistorie nicht ohne Stolz: »Ab 01.01.1991 ist das Café wieder unter seinem rechtmäßigen Namen Café Behrends in unserem Besitz.« In Osterburg wird es heute von Johannas Bruder Konrad geführt. An die 200 Rezepturen hat die Familie entwickelt, viele wurden über Generationen weitergegeben, die Geschwister Johanna und Konrad tauschen sich zwischen Berlin und Osterburg über Innovationen und neue Trends aus. Das Ergebnis ist verdammt lecker: Die Törtchen haben weibliche Vornamen, heißen Pauline, Carlotta, Zeliha, Jenna oder Nele und sind eine Augenweide. Besonders sympathisch waren mir Jenna (Haselnuss-Lemon-Cheesecake), Kamina (Salted-con-Leche-Brownie) und Elena (Himbeer-Sauerrahm, karamellisiertes Joghurt-Mousse). Toll sind auch die kleinen fruchtigen »Biscuits« für Groß und Klein. Anders als der Name des Konditorei-Cafés suggeriert, achtet man hier darauf, wenig Zucker und viele frische Zutaten zu verwenden. Empfehlenswert sind auch die hausgemachten Fruchtlimonaden.

Man sitzt im *Verzuckert*

sehr gemütlich zwischen ur-großelterlichen Möbeln und anderen Erinnerungsstücken aus der Altmark. Der Laden führt die unterschiedlichsten Menschen aus der Nachbarschaft, Junge und Alte, zusammen. Aber, so Johanna Behrends, »wegen der Qualität unserer Produkte und weil es so schön hier ist, kommen jetzt auch Leute aus anderen Bezirken rüber zu uns«.

Das Café hat von Donnerstag bis Sonntag geöffnet.

Verzuckert:
Schreinerstraße 61, 10247 Berlin
Tel. 0176 814 198 65, www.verzuckert-berlin.de

Cupcake Berlin

Wer *Cupcakes* liebt, der geht zum *Cupcake*: dem ersten Laden in Deutschland nur für dieses Gebäck. 2007 eröffnet, gehört das *Cupcake* noch zu den Pionieren der neuen süßen Bewegung. Dawn Nelson hat es damals aus Amerika nach Friedrichshain verschlagen. Grund dafür war ihr Freund Daniel Bader, mit dem sie heute das *Cupcake* leitet. Zuvor war sie in Philadelphia Visagistin. In Deutschland überlegte sie, was sie wohl am meisten vermissen würde. Da kamen ihr Cupcakes in den Sinn. In Deutschland bis vor fünfzehn Jahren beinahe unbekannt, werden Cupcakes in den USA schon seit den dreißiger Jahren serviert. Immerhin, »die Deutschen mögen das Süße« (Nelson). Was genau sind Cupcakes? Hier kann Dawn Nelson eine umfassende Ant-

wort geben: Cupcakes sind keine Muffins! Ihr Teig hat eine leichtere Textur, ist viel »fluffiger«, auch süßer als bei Muffins; sie werden in einer kleinen, tassenartigen Form gebacken – und sie haben ein Buttercreme-Topping! Muffins haben kein Topping, sind daher eher schnelle Begleitware vom Coffee to go als für den hingebungsvollen Genuss geeignet. Auf das *Cupcake* aufmerksam geworden ist längst auch die Filmbranche. Der Filmpark Babelsberg gehört zu den Kunden. »Viele der Schauspieler, Musiker und Künstler, die hier in Berlin arbeiten, sind Amerikaner, und sie mögen eben Cupcakes«, sagt Dawn Nelson. Tom Cruise, Katie Holmes, Jared Leto und Celine Dion mögen die Cupcakes aus Friedrichshain besonders gern. Als Tom Tykwer mit Clive Owen an seinem

Erdnussbutter, Schokolade, salziges Karamell oder Minze – hier findet jeder etwas Passendes. Meine Lieblinge: *The King* (Schokoladen-Kuchen mit Erdnuss-Buttercreme und Bananen-Splittern), *Sugar n' Spice-Cupcake* mit Möhre oder der Klassiker *Caramel Sea Salt*. Die Küchlein gibt es auch in vielen veganen Varianten. Wer sich fürs Handwerk interessiert: Von der Theke aus kann man in die dahinterliegende Zuckerbäckerei schauen und vielleicht sogar einen Blick auf die Queen der Cupcakes, Dawn Nelson, bei der Arbeit erhaschen. Wer keine Zeit zum Schmaus vor Ort hat, der bekommt eine hübsche Verpackung zum Mitnehmen. Wobei ein gemütlicher Nachmittag im *Cupcake* natürlich schöner ist. Achtung – es kann voll werden!

Film *The International* arbeitete, versorgte Nelson die Crew mit einer Extra-Portion Süßem.

Der erste Cupcake-Laden Berlins wartet mit leckeren Buttercreme-Sünden auf. Ob

Cupcake Berlin:
Krossener Str. 12, 10245 Berlin
Tel. (030) 257 686 87
www.cupcakeberlin.de

Sugarclan – Original Berliner Pfannkuchen und Donuts

*S*ugarclan hat sich auf ein Produkt spezialisiert: den Berliner Pfannkuchen.

Was genau ist ein *Berliner*? Ich meine natürlich das Backwerk. Das runde Ding hat viele Namen: In Westdeutschland (ohne Hessen und Bayern) sowie in der Schweiz spricht man von *Berliner*. *Krapfen* heißt es in Bayern und weiten Teilen Österreichs. *Fastnachtsküchle* kennt man aus Baden-Württemberg, *Kreppel* nennt sich der Berliner in Hessen, Teilen von Rheinland-Pfalz, früher auch in Thüringen. Tja und in Berlin sowie fast im gesamten Ostdeutschland *Pfannkuchen*.

Darüber wunderte sich das Team vom *Sugarclan*. Warum nennt ausgerechnet der Berliner den *Berliner* nur *Pfannkuchen*, da er doch ansonsten dazu neigt, alles für sich zu reklamieren? Den Döner, die Currywurst … Um die Herkunft des *Berliners* oder eben des *Pfannkuchens* ranken sich viele Legenden. Diese gefällt mir besonders gut: Der *Berliner* geht auf einen Zuckerbäcker aus dem Jahr 1756 zurück. Ursprünglich war er als Kanonier einberufen worden, doch sein Talent auf diesem Gebiet war bescheiden. Also bekam er die Aufgabe, für Friedrich den Großen zu backen. Um wenigstens bei seiner neuen Tätigkeit zu glänzen, wollte der Bäcker etwas Besonderes machen und hatte eine Idee: Warum nicht essbare Kanonenkugeln zaubern? Weil ihm der Backofen fehlte, musste die Fettpfanne genügen. Nach dem Ausbacken streute er noch etwas Puderzucker auf die Teigkugeln – fertig! Da der Zuckerbäcker aus Berlin kam, taufte er sein Werk *Berliner Pfannkuchen*.

Das fünfköpfige lustige *Sugarclan*-Team geht die Herkunfts- und Namensfrage pragmatisch an: »Wer bei uns in Friedrichshain am Boxhagener Platz Berliner, Pfannkuchen, Berliner Bollen, Puffel, Kräppel, Krapfen, Fastnachtsküchle, Glaskrapfen, Prilleken, Pontschik, boules de Berlin, Berliners, Berlijnse Bollen, sonhos, Ponitschki, Berlines chilenos, Hillomunkki, Suf-ganiot, berlinerboller, Pączki, bolas de Berlim, Trojanski krofi, berlina, Bomboloni bestellt, dem wird in jedem Fall mit einem ›Sugarclan Berliner‹ aus hauseigener Produktion geholfen.« Und angesichts der verlockenden Auswahl lässt man sich gern helfen: Man kann wählen zwischen *Hearty Canadian*, *Rasputin*, *Grapefruit Cheesecake*, *Pflümli*, *Apple Pie*, *Hagebutte-Birne*,

Karamello, Marille Rosmarin, Happy as Lemon, Gooseberry-Baiser, Banana Rama ...

Eine wunderbare Idee ist, dass bei den *Berlinern* oben ein kleiner Pfeil in bunter Zuckerschrift auf das Löchlein hinweist, das zum Befüllen des *Berliners* genutzt wurde. Denn hier soll man nämlich mit dem Essen starten. Damit die Füllung nicht heraustropft (was passiert, wenn man an einer anderen Stelle hineinbeißt). Man denkt beim *Sugarclan* eben an alles.

Sugarclan – Original Berliner Pfannkuchen und Donuts:
Grünberger Straße 85, 10245 Berlin
Tel. (030) 275 977 99
www.sugarclan.de

Velicious –
vegane Versuchung

Das *Velicious* ist eine vegane Konditorei nahe dem Ostkreuz, die einen Besuch lohnt! Der Name deutet schon an, worum es geht: *delicious* und *vegan*. Steffi Trotzke, die junge, sympathische Gründerin und Inhaberin des Ein-Frau-Ladens, hat sich mit diesem veganen Café vor fünf Jahren einen langgehegten Traum erfüllt. In Dresden geboren, hat Trotzke zwei Ausbildungen, als Köchin und als Konditorin, absolviert, bevor es nach Berlin ging. Den kleinen Raum voller Köstlichkeiten hat sie selbst gestaltet, in Lavendel und Weiß. Er wirkt hell und freundlich. Täglich stehen frische Blumen auf den Tischen. Sie selbst ernährt sich vegan. »Über meine Auswahl und mein Angebot an Speisen und Getränken möchte ich zu gesundheitsbewusstem und ganzheitlichem Denken anregen«, sagt sie. Aber süß darf es trotzdem sein! Denn Trotzke ist Genussmensch; sie vertritt einen neuen hedonistisch-verantwortungsbewussten Konditorentyp.

Mich hat die Tortenauswahl im *Velicious* begeistert. Die *Schokoladen-rote-Beeren-Torte*, die *Holunderblütentorte mit Limette und Minze*, der *Lavendel-Kokos-Cheesecake*, die glutenfreie *Brombeer-Marzipan-Torte* und die *Nougattorte mit Kokos und Stracciatella* schmecken alle fantastisch. Wie macht sie das nur? Die Backwaren werden aus Dinkelmehl hergestellt und haben Bioqualität, wie auch alle anderen Lebensmittel, mit denen im *Velicious* gearbeitet wird. Steffi Trotzke verwendet bewusst nur Rohrzucker für ihre Köstlichkeiten. Gerade Klassiker wie die

Schwarzwälder Kirschtorte oder *Streuselkuchen* schmecken großartig bei ihr – eher fruchtig als zuckrig. Wilde Experimente, abgefahrene Haute Cuisine sind Trotzkes Sache nicht, sie mag keine »hochfeine Gastro«. Über einen guten fruchtigen *Kirsch-* oder *Apfel-Zimt-Streuselkuchen* gehe ihr nichts. Aber sie bäckt auch viel auf Anfrage ihrer Kunden: Hochzeits- und Geburtstagstorten, spezielle Wünsche wie glutenfreie oder laktosefreie Kuchen berücksichtigt sie. Steffi Trotzke ist jedoch eine saisonale Auswahl wichtig. »Es gibt daher bei uns keine Erdbeer-Torten im Winter und keinen Quittenkuchen im Sommer.«

Und: »Wir freuen uns über jeden, der seinen eigenen Beutel mitbringt, bei uns gibt

es keine Plastikbeutel oder Verpackung.« Es gibt im *Velicious* auch Frühstück, Salate und Suppen.

Velicious:
Lenbachstraße 13B, 10245 Berlin
Tel.: 0152 571 18282
www.velicious-cafe.de

Weitere Empfehlungen für Friedrichshain und Kreuzberg:

Brammibal's Donuts (s. S. 191): Maybachufer 8, 12047 Berlin, www.brammibals donuts.com

Paletas Berlin – die Manufaktur für Eis am Stiel: Eine kleine Eismanufaktur, die aus dem Klassiker Eis am Stiel etwas Neues gemacht hat. Paletas verwendet frische Früchte, keinen Industriezucker. Das Eis schmeckt unglaublich gut. Die Idee hinter Paletas ist, mit wenigen überschaubaren Zutaten, ohne zu viel Geschmacksdonnerwetter, ein qualitativ gutes Eis zu machen. Das Eis ist vegan, statt Milch wird Kokosmilch benutzt, was zu den sommerlichen Eissorten hervorragend passt. Mittlerweile gibt es 24 Geschmacksrichtungen. 2012 erhielt die damals neu gegründete Manufaktur vom *Naschmarkt* in der *Markthalle Neun Die süße Schnecke.*

Paletas Berlin, Wühlischstraße 26, 10245 Berlin, Tel. (030) 516 546 31, www.paletas-berlin.com

Bekarei (s. S. 178): Pastel, Wrangelstraße 44, 10997 Berlin, www.bekarei.com

Sawade (s. S. 33): Bergmannstraße 9, 10961 Berlin, Tel. (030) 667 011 90, www.sawade.berlin

Das Naschhaus: Schreinerstraße 15, 10247 Berlin, Tel. (030) 577 091 315, www.naschhaus.de

Doçura: Zossener Straße 20, 10961 Berlin, Tel. (030) 817 973 99, www.docura-berlin.de

NEUKÖLLN

Coda – Dessert Dining

Das *Coda* ist etwas Besonderes. Hier kann man zwischen einem siebengängigen Menü mit passenden Getränken oder einem Night-Dinner mit vier Gängen wählen, aber serviert werden ausschließlich Dessertvariationen. Die Preise sind für Berliner Verhältnisse sehr hoch, aber dafür hat man Küche auf Spitzenklasse-Niveau. Das Team um den mehrfach ausgezeichneten Nobel-Patissier René Frank serviert zum Beispiel einen Zwetschgenkuchen aus Walnuss, Dulse Alge und Schwarzer Sojabohne (Gang 2 auf dem Menü für den heutigen Tag) oder Geeiste Rote Beete mit Cranberry, Tofu und Honig (Gang 4). Oder besonders köstlich, *bean to plate*, eine herrliche Platte mit sehr gutem Nacional Cacao, Topinambur, Kirsche und Sonnenblumenkernen

(Gang 7). René Frank legt Wert auf ein ausgewogenes Spiel aller Geschmacksrichtungen – süß, salzig, sauer, umami und bitter – bei seinen Desserts. Auf künstliche Aromen und Farben sowie Weißmehl und Laktose wird im *Coda* verzichtet; weitgehend auch auf raffinierten Zucker und Fett. Süßlich ja, zuckersüß nein, ist hier die Devise. Man konzentriert sich auf die »Grundsüße aus Obst und Gemüse«, auf »Säure aus Zitrusfrüchten« oder »Umami aus proteinreichen Lebensmitteln«. Der Ansatz, sich auf die natürliche Süße von Lebensmitteln zu konzentrieren. liegt im Trend. Mais, Rote Beete, Möhren und fermentierter Reis zum Beispiel verfügen über einen hohen Zuckergehalt, von Obst ganz zu schweigen.

René Frank ist ausgebildeter Koch und arbeitete zunächst als Patissier in der *Zirbelstube* in Stuttgart, später in Barcelona in der berühmten *Chocolaterie Oriol Balaguer*, in San Sebastian im *Alelarre* (drei Michelin-Sterne), im Traditionsrestaurant *Georges Blanc* in Vonnas/Frankreich sowie in der Schweiz, in Kyoto, Tokio und New York ... Vielleicht stammt sein Erfindungsreichtum von diesen unterschiedlichen kulturkulinarischen Abenteuern.

Das *Coda* ist einerseits abgehoben (das Restaurant hat außen kein Schild, man muss wissen, wo man hinwill), andererseits bodenständig: Auf die Frage, ob es einen Dresscode gebe, heißt es lapidar: Nein, jeder Gast soll sich wohlfühlen ... Kinder sind sehr willkommen, wir machen etwas extra für sie. Darf man Hunde mitbringen? Ja, Hunde sind erlaubt. Diese Haltung vertreten nicht viele Edel-Restaurants. Das hat Stil – anders würde man in Neukölln wohl auch nicht klarkommen. Das *Coda* hat erst 2018 seine Pforten geöffnet. Die ersten drei Jahre gelten als kritische Zeit in der Gastro-Branche. Immerhin dürfte im hippen Teil von Neukölln die Kundschaft für Ungewöhnliches vorhanden sein. 2020 gab es zwei Michelin-Sterne.

Coda:
Friedelstraße 47, 12047 Berlin
Tel. (030) 914 96 396
www.coda-berlin.com

Konditorei Damaskus

Mittlerweile haben einige Geflüchtete aus Syrien Berlins süße Szene bereichert. Stellvertretend für viele möchte ich hier Tamim al-Sakka und seine *Konditorei Damaskus* vorstellen. Tamim al-Sakka floh im Jahr 2014 mit seiner Familie aus Damaskus. Inzwischen ist er ein erfolgreicher Unternehmer. Es ist ihm gelungen, an das anzuknüpfen, womit er sich in seinem Heimatland beschäftigt hat: Süßigkeiten. Aber der Weg war steinig: Zu Hause in Damaskus und Homs besaß der gelernte Konditor eine Fabrik und 25 Geschäfte. 150 Mitarbeiter waren für ihn tätig. In seiner kleinen Fabrik wurden hochwertige Süßigkeiten nach eigenen Rezepten hergestellt. Tamim al-Sakka kommt aus einer Konditorenfamilie. Den Rezepten des Vaters fügt der Sohn eigene hinzu.

In Syrien sind der 47-Jährige und seine Familie im ganzen Land bekannt. Doch der Krieg zwingt Tamim al-Sakka, mit Frau und Kindern sein Heimatland zu verlassen. Ihre lange Irrfahrt endet in einem Dorf in der Nähe von Berlin. In der Flüchtlingsunterkunft angekommen, müssen seine Frau und er ein halbes Jahr warten, bis sie einen Sprachkurs besuchen konnten. Nach weiteren sechs Monaten hält er zwar ein B1-Sprachzertifikat in der Hand, doch zu Hause rumsitzen und Sozialleistungen beziehen? Dazu hat der ehemalige Unternehmer keine Lust. Er überlegt, womit er tätig werden könnte. Natürlich besucht der leidenschaftliche Konditor viele Konditoreien und Cafés. Doch die arabischen Süßigkeiten in Berlin sind für ihn eine herbe Enttäuschung: »Sie sind billig und haben einen anderen Geschmack.« Seine Geschäftsidee entsteht: eine Konditorei für hochwertige arabische Süßigkeiten. Anfangs bittet al-Sakka syrische Bekannte, die schon lange in Deutschland leben, um Rat. Manche sind skeptisch. Angesichts der Bürokratie würde es schwer werden, in Berlin ein Unternehmen zu gründen. »In Deutschland gibt es viele Papiere, die schwer zu verstehen sind«, so al-Sakka. Er engagiert einen Anwalt. Der hat nach acht Wochen den Papierkram erledigt. Fehlt noch der Laden. Auf der Sonnenallee wird al-Sakka schließlich fündig. Eine gute Lage mit viel Laufpublikum! Tamim al-Sakka muss Personal finden und Zutaten beschaffen. Lange sucht er Großhändler, die Produkte mit konstant hoher Qualität liefern können. Walnüsse, Pistazien, Mandeln, Datteln, Feigen, Gelees, Marmelade, Honig, Butter, Rosenwasser und Zucker sind die wichtigsten Zutaten für die orientalischen Leckerbissen. Al-Sakka

prüft genau, wo schmeckt es am besten? Pistazien lässt er sich aus der Türkei, die Butter aus den Niederlanden liefern. Die Akquise neuer Mitarbeiter gestaltet sich inzwischen leichter als zu Beginn: »Die Leute kommen in meinen Laden und fragen, ob ich Arbeit für sie habe. Ich prüfe sie einen Monat als Praktikant und entscheide dann, ob sie passen.« Mittlerweile beschäftigt er zehn Mitarbeiter. Alle sind ehemalige syrische Flüchtlinge.

Tamim al-Sakka ist seit fünf Jahren mit der Konditorei Damaskus erfolgreich. Nun möchte er neue Kundengruppen erschließen. »Wir sind in Deutschland und müssen darüber nachdenken, was die Deutschen mögen.« Ihm ist aufgefallen, dass die Deutschen weniger Fett und Zucker für ihre Süßspeisen verwenden als Türken und Syrer. Die Rezepturen hat al-Sakka deshalb an den hiesigen Geschmack angepasst.

Zunehmend finden sich jetzt auch deutschstämmige Kunden ein. Der Typ mit den Rastalocken geht schon sehr zielstrebig in den Laden. Da hinten entscheidet sich eine blonde Frau, Typ Studentin, für etwas Knusprig-Leichtes mit Pistazien. Tamim al-Sakka grinst. Er hat derweil erkannt, sagt er, dass überschwängliche Anerkennung in Deutschland häufig nur aus wenigen Worten besteht. Ein knappes »Sehr gut« bedeute, dass man Hervorragendes geleistet habe.

Wiederholt wurden rechtsextremistisch motivierte Anschläge auf die Konditorei Damaskus verübt. Ein Grund mehr, die Konditorei mit einem Einkauf zu unterstützen.

Konditorei Damaskus:
www.damaskus-konditorei-emissa.com

Neukölln:
Sonnenallee 93, 12045 Berlin
Tel. (030) 703 707 11

Mitte (Moabit):
Turmstraße 77, 10551 Berlin
Tel. (030) 209 256 51

Fräulein Frucht

Die aus der Eifel stammende Wahlberlinerin Celest Drosihn hatte 2016 die ungewöhnliche Idee, in Berlin Wildblüten und Wildfrüchte zu sammeln und daraus feinen Sirup und zuckersüße Liköre herzustellen. In hübschen Fläschchen abgefüllt, sehen die Produkte toll aus. Man kann nur staunen, was in der Spreemetropole zwischen Havel und Dahme so alles wächst und sprießt! Bei *Fräulein Frucht* gibt es Holundersirup mit Damascena-Rose oder Spitzwegerichsirup, der besonders in der Erkältungssaison beliebt ist. Ferner stellt sie Flieder-, Kornelkirschen-, Schlehen-, Quitten-, Mirabellen- oder Bratapfelsirup her. Insgesamt hat sie 21 Sirupsorten im Angebot.

Ende März, Anfang April beginnt das *Fräulein* zu sammeln, zuallererst die Traubenkirschblüten. Zu Ende geht das Sammeljahr mit der Walnuss. Und wo findet man die Schätze? Wo wächst in Berlin die Damascena-Rose? Erst mal muss man sich wirklich auskennen, gibt Frau Drosihn zu bedenken. Aber »wenn man sich sicher ist, dann wird man schon im Görli oder Hasenheide fündig«. Sie sieht recht hartgesotten aus. Ihre Arme sind bis zu den Handrücken tätowiert. Man kann sie sich schon nachts ungerührt suchend und pflückend im Görlitzer Park vorstellen.

Früher war Drosihn Erzieherin an einer Neuköllner Hauptschule. Dorthin möchte sie eine Idee zurücktragen, die sie auf ihren Berliner Stadtwanderschaften gewonnen hat: Nämlich mit den Kids ein Projekt zum Thema »Was wächst vor meiner Haustür?« zu machen. »Viele Stadtkinder können nicht mal mehr Fich-

Die süßen Sirups und Liköre von *Fräulein Frucht* kommen gut an. Auf dem Berliner Naschmarkt oder beim Holy Shit Shopping stehen die Leute Schlange bei ihr. Den Preis für das beste Naschwerk aus der Region Berlin/Brandenburg, *Die süße Schnecke*, bekam sie 2016 verliehen. Kochqueen Sarah Wiener hat ihren Mahonien-Sirup in den Himmel gelobt. Doch Drosihn hebt trotz diverser Preise und Auszeichnungen nicht ab. Ihr gefällt der Gedanke der partiellen Selbstversorgung. »Ich denke, dass mehr essbare Pflanzen in Städten wichtig sind«, sagt sie. *Fräulein Fruchts* Mission ist: »Geh raus, deine Stadt ist essbar!«

ten und Kiefern unterscheiden, geschweige denn Schafgarbe und Vogelmiere«.

Fräulein Frucht:
Ossastraße 38, 12045 Berlin
Tel. 0177 449 9115
Verschiedene Märkte
u. a. Mauerpark, Wochenmarkt am
Maybachufer, Naschmarkt
www.fraeuleinfrucht.de
www.facebook.com/Fräulein-Frucht-805720169518207/

Konditorei und Bäckerei Umkalthum

Schluss mit veganem, zuckerfreiem Kuchen und natürlichen Lebensmittelfarbstoffen! Wir sind auf der Sonnenallee gelandet, meinem alten Kiez, in der arabischen *Konditorei Umkalthum*. Hier gibt es die unglaublichsten Schnitten und Eclairs, Törtchen und Torten der Stadt! Alles handgemacht. Überall laufen die Mitglieder der Großfamilie herum, leeren Bleche, liefern Nachschub, denn hier ist immer jede Menge Betrieb, entwickelt sich doch die Sonnenallee zum multikulturellen Herz der Stadt. Die Törtchen sind mitnichten so klein, wie diese Bezeichnung nahelegt, und fast alle ziert eine Sahnewolke. Versuchen Konditoren in Prenzlauer Berg, Mitte, Kreuzberg oder Friedrichshain Sahne (fettig! Kuhmilch!) eher zu meiden, sofern sie nicht »alte Schule«

sind, drückt man hier munter auf die Tube; eine Schnitte heißt einfach nur Sahne-Ananas. Man erfindet hier manches neu: So gibt es neben dem Stück *Schwarzwälder* noch ein besonders sahniges namens *Weißwälder*. Alles schmeckt gut-gehaltvoll. Etwas luftiger ist die tolle Baiser-Schnitte mit dunklem Schokotopping. Französisches findet sich hier in einer rustikalen Interpretation. Feinziselierte Patisserie-Häppchen gibt es hier nicht, aber dafür ein munteres Cross-over. Die Vielfalt in den Vitrinen, der Einfallsreichtum der Familie ist beeindruckend.

Bei *Umkalthum* kann man auch Torten vorbestellen. Viele der bestellten Torten sind über und über in Orange-, Rot-, Rosa- und Lilatönen gehalten und mit Rosen geschmückt. Manchmal scheint in der stets trubeligen Konditorei etwas

die Tatsache, dass hier am laufenden Band Torten bestellt werden, spricht für sich.

Worüber Einigkeit herrschen dürfte: Die tollen Leckereien sind sehr günstig. Ich habe für einen Großeinkauf gerade mal 7 Euro hingelegt. Das reicht doch kaum für die aufgewendete Sahne! Dafür hätte ich in Mitte zweieinhalb Macarons bekommen!

Natürlich gibt es in Neukölln noch andere erwähnenswerte Konditoreien, zum Beispiel *El-Salam* in der Wildenbruchstraße und die *Palast Konditoreien*. Aber *Umkalthum* mitten auf der Sonnenallee ist ein Highlight. Allein wegen der so völlig unterschiedlichen Kunden, die hier zu beinahe jeder Uhrzeit auflaufen, mit Hot Pants und Badelatschen, mit Rastalocken oder von Kopf bis Fuß verhüllt.

durcheinanderzugeraten. Bei einem meiner Besuche empörte sich eine siebenköpfige Familie, dass die bestellte Verlobungstorte statt mit Erdbeeren und Herzen mit Kirschen und Bonbons belegt war. Aber

Konditorei und Bäckerei Umkalthum:
Sonnenallee 50, 12045 Berlin
Tel. (030) 627 343 99

Weitere Empfehlungen für Neukölln:

Palast Konditorei: Handgemachte traditionelle orientalische Süßigkeiten, www.palast-konditorei.de Pannierstraße 4, 12047 Berlin, Tel. (030) 845 151 55 Sonnenallee 12, 12045 Berlin, Tel. (030) 627 232 69

Zuckerbaby Café & Deli: Wirbt mit dem genialen Spruch: »Chocolate doesn't ask silly questions, chocolate understands.« Gutes süßes Frühstück. Richardplatz 21, 12055 Berlin Tel. (030) 85 740 273,

Leuchtstoff: Gute hauseigene Bäckerei, hervorragende Brownies. Siegfriedstraße 18, 12051 Berlin, https://leuchtstoff.berlin

Pêle-Mêle: Der Name ist französisch und steht für »bunt gemischt« und »durcheinander«. Schönes multikulinarisches Café! Innstraße 26, 12043 Berlin, Tel. (030) 36 46 75 23, www.pele-mele-berlin.de

Katie's Blue Cat: Wunderbares Café mit hauseigenen Backwaren nach englischen, amerikanischen, australischen, neuseeländischen und kanadischen Rezepten. Friedelstraße 31, 12047 Berlin, Tel. (030) 62 90 3 380, www.katiesbluecat.de

MITTE – TIERGARTEN – WEDDING

Bonbonmacherei
Kolbe & Stecher

Wer hat schon mal zugeschaut, wie Bonbons produziert werden? In der kleinen sehenswerten Manufaktur (mit Verkauf) in den Heckmann-Höfen in Mitte geschieht das wie vor hundert Jahren. Und man kann zugucken beim Kochen der Zuckermasse im Kupferkessel, beim Ausgießen der heißen Bonbonmasse auf eine Stahlplatte, beim Würzen und Falten, Kneten, Walzen (je nach Bonbonart wird eine der an die 50 verschiedenen alten Walzen hierfür verwendet), Stürzen, Sieben und Dragieren ... Nach einer knappen Dreiviertelstunde kann man die soeben hergestellten Leckereien kaufen. Die Auswahl ist überwältigend: Es gibt Klassiker wie *Nougatzungen*, *Goldnüsse*, *Pfefferminzkissen*, *Knuspermünzen* und natürlich die berühmten *Berliner Wald-*

meisterblätter, aber auch Geschmackssorten wie *Kaktusfeige*, *Bosnische Pflaume*, *Limette*, *Quitte*, *Ananas*, *Kokos* und viele mehr. Außerdem werden Lakritzvarianten sowie Honig- und Heilkräutermischungen hergestellt.

Das Ehepaar Kolbe und Stecher hatte eine Weile lang einen Bonbongroßhandel geführt, der Berliner Süßwarenläden belieferte. Dann ergab sich Anfang der neunziger Jahre die Gelegenheit, eine uralte insolvente Bonbonmanufaktur zu übernehmen. Die beiden entschließen sich, das Geschäft von der Pike auf zu lernen und gehen erst einmal in die Bonbonmacherlehre. Sie erlernen den fast ausgestorbenen Beruf, erwerben die jahrzehntealten Originalrezepturen und -maschinen der alten Manufaktur und können so neben vielen ande-

ren Spezialitäten insbesondere die berühmten Berliner *Waldmeister-Blätter* herstellen. Seit dem Jahr 2000 ist die Bonbonmacherei Kolbe & Stecher in den Heckmann-Höfen in Mitte ansässig. Der süße Duft schlägt einem schon im Durchgang entgegen.

Bonbonmacherei Kolbe & Stecher:
Oranienburger Straße 32, 10117 Berlin
Tel. (030) 440 552 43
www.bonbonmacherei.de

Aseli – handgemachter Schaumzucker

Aseli – handgemachter Schaumzucker aus Berlin seit 1921 ist ein Paradies für Leute, die's gern bunt und crazy haben. Wer ein ausgefallenes Geschenk sucht, vielleicht noch mit Berlin-Bezug, ist hier richtig. Die Manufaktur wurde drei Jahre nach Abdankung des Kaisers in den Wirren der ersten Weimarer Jahre gegründet, als die Leute sich nach etwas Süß-Harmlosen sehnten. Die Schaummäuse kamen sehr gut an. Der erste Zeichentrickfilm mit Mickey Mouse wurde sieben Jahre später, 1928, gezeigt. Der Name *Aseli* ist eine Abkürzung des Namens des Gründers Alfred Selinger. Schon dessen Vater war ein passionierter Konditormeister. Der kleine Alfred schaute ihm oft bei der Arbeit zu. Er liebte Süßigkeiten über alles. Damals waren Süßigkeiten Luxusprodukte, keine Massenware. Als Alfred groß war, erfand er die Schaumzuckermaus. Mit einem Bollerwagen zog er durch Berlin, um seine neuartige Süßigkeit an Mann, Frau und Kinder zu bringen.

Schaumzucker oder Marshmallow besteht zu 75% aus Zucker, ferner sind Eischnee, Geliermittel sowie Aromen und oft Farbstoffe enthalten. Früher wurden Marshmallows aus dem Saft der Wurzeln des Echten Eibischs hergestellt. Ebenso wie Kakao und Marzipan als Stärkungsmittel galten, so wurde auch dem Echten Eibisch eine Heilwirkung nachgesagt. Kandierte Stücke der Wurzel wurden seit dem 11. Jahrhundert gegen Erkältungen gelutscht. So richtig angenehm ist der Gedanke jedoch nicht: Die Substanz wurde auch als Klebstoff eingesetzt. Heute wird aus Kos-

tengründen meist Gelatine als Geliermittel verwendet. Für Vegetarier gibt es *Mäusespeck* mit pflanzlichen Geliermitteln.

Hundert Jahre später laufen die Enkelsöhne Christian und Michael, die das Geschäft in dritter Generation führen, nicht mehr mit Bollerwagen durch Berlin. *Aseli* hat heute zwei Standorte: die Manufaktur mit Werksverkauf in der Granatenstraße im Wedding und einen Laden zentral am Hackeschen Markt. Kaum zu glauben, was es hier neben den berühmten Schaumzuckermäusen alles gibt – von Krokodilen und Kätzchen bis hin zu Totenköpfen. Man kann sich kaum entscheiden zwischen *Meerestiermix*, *Zootiermix*, *Bärchen* oder *Riesenmäusen*. Die Wahl fällt schwer.

Was das Handwerkliche an-
geht, hat sich wenig geändert:
Die Mäuse und ihre Freunde,
von Hai bis Hintern, werden
wie damals im Kupferkessel
handgekocht und -gefertigt.

Aseli – handgemachter Schaumzucker:
www.aseli.de

Mitte:
Rosenthaler Straße 40-41, 10178 Berlin

Reinickendorf (Werksverkauf):
Granatenstraße 22, 13409 Berlin
Tel. (030) 499 889 90

Princess Cheesecake

Wenn Sie glauben zu wissen, was Käsekuchen ist, werden Sie in der Spitzenpatisserie *Princess Cheesecake* eines Besseren belehrt. Kenner sagen ohne Umschweife: »Es gibt keine besseren Käsekuchen in Berlin als beim Princess.« Prinzessin Conny Suhr lässt Tag für Tag an zwei Standorten, in Mitte und Charlottenburg, an die 15 verschiedene Käsekuchen, Käsetorten, -tartes und -Petit-fours servieren, alles hergestellt in der eigenen Manufaktur. Es gibt hier wunderbar leichten New York Cheesecake (*I love New York*), den fantastischen Käsekuchen mit Dulcey Caramel (*Il Dolce della Principessa*), den *Königlichen Käsekuchen*, ferner *Mango Mambo*, eine tolle Käsekuchen-Mango-Kombination, *Katharinchen*, der Geschmackselemente vom *Russischen Zupfkuchen* aufnimmt,

Dancing with Meringue (Käsekuchen mit Frischkäse-Royalmasse und Baiserhaube) oder – mein persönlicher Favorit – *It's not Solero – it's Passion*, mit weißer Trüffelcreme und Passionsfruchtspiegel auf Sabléboden. Auch vegane Torten und Törtchen sind oft im Angebot. Mit kleinen Schokotäfelchen verziert kommen die Kunstwerke auf den Teller.

Die Idee, ein Geschäft nur auf Käsekuchen zu gründen, brachte Conny Suhr von einer USA-Reise mit. Der *New York Cheesecake* hatte es ihr angetan. In süßer Begeisterung schwelgend, entdeckte Suhr ihre Familiengeschichte wieder. Sie ist Enkelin eines Bäcker- und Konditormeisters. Ihr Werdegang ist nicht untypisch für junge Gründer der neuen süßen Szene Berlins: Sie finden alte Familienrezepte, entdecken, dass der Großvater, Onkel, die Großmutter oder Tante das Konditorenhandwerk beherrschten.

Conny Suhr war Inhaberin einer PR-Agentur, was nicht die schlechteste Voraussetzung ist, um aus einer Passion ein funktionierendes Geschäftsmodell zu entwickeln. Das *Princess Cheesecake* taucht mittlerweile in vielen Reiseführern auf und ist dennoch klein und fein geblieben. Beide Cafés sind wunderschön gestaltet. In Weiß und in Apricot sehen sie edel und leicht aus – wie eine Wolke, auf der man sich ein Weilchen wie eine Prinzessin treiben lassen möchte, mit einem Stück Cheesecake in der Hand.

Princess Cheesecake:
www.princess-cheesecake.de

Mitte:
Tucholskystraße 37, 10117 Berlin
Tel. (030) 280 927 60

Charlottenburg:
Knesebeckstraße 32, 10623 Berlin
Tel. (030) 886 258 70

Das Josty

Über seinen Ursprung kursiert eine kuriose Geschichte: Um 1786 flieht ein Hirtenjunge namens Johann Josty aus Sils Maria in der Schweiz. Er hat Angst vor Repressalien, weil ihm versehentlich eine Ziege zu Tode gekommen ist. Er zieht in Richtung Norden, erreicht nach zweijährigem Marsch Magdeburg und beginnt eine Ausbildung zum Zuckerbäcker. Danach geht Josty nach Berlin, wo er mit vierundzwanzig Jahren eine Zuckerbäckerei eröffnet. Johann und sein Bruder Daniel, der ihm später gefolgt ist, legen den Grundstein zu einem Imperium mit mehreren Dependenzen in Berlin. Aus der Konditorei wird ein Café. Das *Josty* öffnet 1812 seine Pforten. Die Adresse ist erstklassig, gegenüber vom Schloss! Bald gehört das *Josty* zu den vier *confiseurs rois*, den Königlichen Confiserien der Stadt.

1880 eröffnet der Nachfolger eine Filiale vom *Café Josty* – sie wird die berühmteste werden – am Potsdamer Platz, damals der verkehrsreichste Platz Europas. Das gut erreichbare Café etabliert sich zum Künstlertreff. Vor allem Vertreter des Expressionismus und der Neuen Sachlichkeit finden hier zusammen. Die Lautstärke, Dynamik und Geschäftigkeit des Platzes faszinieren sie. Fontane, Heine und Adolph Menzel kommen hierher, ebenso wie Erich Kästner, der Ende der 1920er Jahre auf der Terrasse des *Josty* Teile seines weltberühmten Kinderbuchs *Emil und die Detektive* schreibt.

Mit der Weltwirtschaftskrise verschwindet das *Josty*. Das Gebäude wird im Zweiten Weltkrieg zerstört. Fast

70 Jahre später eröffnet das traditionsreiche *Café Josty* unter dem Namen *Josty* wieder. Jedoch unter anderen Vorzeichen und kaum wiederzuerkennen – abgesehen von den schönen Schwarz-Weiß-Fotos an den Wänden, die das alte Kaffeehaus zeigen. Das neue *Josty* befindet sich am Potsdamer Platz hinter einer lichten Glasfassadenfront; es ist hell und freundlich, das Ambiente stillvoll-modern. Es ist eher Restaurant als Café. Natürlich, was das alte *Josty* berühmt gemacht hat, waren weniger die Speisen als seine Gäste, die Szene. Immerhin, so mancher Berlinale-Star kehrt nun hier ein, Filmpremierengäste lassen den Tag ausklingen.

Eine gewisse Vorstellung vom früheren Berlin vermittelt der *Historische Frühstücks-saal*. Mit seinem prunkvollen Stuck, den Kronleuchtern und einer geschwungenen Treppe mit vergoldetem Handlauf bietet er einen Kontrapunkt zur Stahl-und-Glas-Konstruktion des übrigen *Josty*. Der Saal gehörte einst zum *Grand Hotel Esplanade*, das 1907/1908 nach den Plänen des Architekten Otto Rehnig in der Bellevuestraße unweit vom Potsdamer Platz gebaut wurde. Viele bekannte Persönlichkeiten wie Charlie Chaplin, Greta Garbo und Billy Wilder zählten zu den Gästen. Während des Zweiten Weltkrieges wurde das *Esplanade* zerstört. Wie durch ein Wunder unversehrt blieben jedoch der *Kaiser-* und der *Frühstückssaal*. Inmitten von Ruinen und Trümmern wurden in den fünfziger Jahren die beiden Säle für Tanzvorführungen und Modeschauen genutzt. Während der Teilung Berlins lag das berühmte, halb zerstörte Hotel im Sperrgebiet und diente häufig als Filmkulisse, zum Beispiel für *Cabaret* mit Liza Minnelli (1972) oder *Der Himmel über Berlin* von Wim Wenders (1986). Im Zuge der Neubebauung des Potsdamer Platzes wurden die historischen Teile des *Hotels Esplanade* in das heutige *Sony Center* integriert. Dazu wurde der denkmalgeschützte *Frühstückssaal* in 500 Einzelteile zerlegt und originalgetreu an neuer Stelle wieder aufgebaut.

Übrigens: Auch die heute so beliebte *Berliner Weiße mit Schuss* geht auf die Brüder Josty zurück. Zu Beginn des 19. Jahrhunderts soll Daniel dem Bier Kräuter beigegeben haben. Später setzt sich die Zugabe von Himbeer– oder Waldmeister-Sirup zur *Berliner Weißen* durch.

Josty und Historischer Frühstückssaal Berlin:
Sony Center am Potsdamer Platz
Bellevuestraße 1, 10785 Berlin
Tel. (030) 25 75 11 05 / (030) 26 39 78 74

Konditorei & Café Buchwald

Dass draußen das laute, mitunter raue Moabiter Leben tobt, bekommt man hier kaum mit. Knarrender Parkettboden, gestreifte Strukturtapete, gediegene Leuchter, altmodische Gardinen, Tischdecken – man fühlt sich wie bei Tante Irma und Onkel August auf dem Sofa. Drei Viertel aller Gäste in Berlins ältester Konditorei sollen Stammgäste sein. Man sitzt gut in den großzügigen beiden Salons.

Inhaberin Andrea Tönges leitet das Familienunternehmen in fünfter Generation: Seit 170 Jahren wird nach streng gehüteten Rezepten gebacken. Die besondere Leidenschaft der Buchwalds sind Baumkuchen. Was dieser Kuchen für die Familie bedeutet, erklärt Tönges: »Der Baumkuchen bestimmte das Leben aller Generationen nach Gustav

Buchwald.« Der *Tagesspiegel* sprach treffenderweise mal vom »Stammbaumkuchen« der Buchwalds.

Als Gustav Buchwald, Konditormeister und Unternehmer in Cottbus, 1852 die *Baumkuchenbäckerei Buchwald* gründet, ist Baumkuchen eine Seltenheit. Gustav Buchwalds Novität wird weit über die Grenzen der Stadt hinaus bekannt. Sein ältester Sohn übernimmt das Geschäft und zieht nach Berlin. Dort mietet er ein Ladenlokal an der Brückenallee in Moabit, heute Bartningallee. Der Preußische Prinzenhof verleiht der Konditorei bald den Titel Hoflieferant der Hohenzollern. Ohne Frau und Nachkommen übergibt Gustav Buchwald jr. das Geschäfte Ende der 1920er Jahre an seine Nichte Käthe, die Großmutter der heutigen Inhaberin. Und

beitsdienst in einer Brotfabrik am Alex zwangsverpflichtet. Nach dem Krieg krempeln Oma und der »legendäre Onkel Pauli« (ein besonders verdienter Mitarbeiter und Freund der Buchwalds) die Ärmel wieder hoch. Über ihn heißt es: »Er war nie krank, nur zweimal im Krieg.« Damals wie heute ist das *Buchwald* übrigens sieben Tage in der Woche und 364 Tage im Jahr geöffnet, nur am 1. Januar wird nicht serviert. Nach dem Krieg sehnen sich nicht nur die Berliner wieder nach Baumkuchen. Die Spezialität aus Deutschland ist auch in Amerika gefragt. Viele Emigranten wollen wieder ihren geliebten Buchwald'schen Baumkuchen essen. In der Weihnachtszeit gehen nun jedes Jahr Hunderte Päckchen nach Übersee. Tochter Ursula Kantelberg, 1941 geboren, ist, als sie mit 22 Jahren ihren Meisterbrief erhält, die jüngste Konditormeisterin, die Berlin je hatte. »Die Konditorei ist unser Leben, darum dreht sich alles«, so Ursula Kantel-

nun beginnt die über 90 Jahre während Zeit des »Matriarchats«. Die Geschichte vom *Buchwald* ist nämlich auch die Geschichte erfolgreicher Frauen.

Während des Zweiten Weltkrieges muss Oma Käthe jedoch erst mal aussetzen, denn Baumkuchen war nicht kriegswichtig. Die Nazis schließen das *Buchwald*, die Konditorin wurde zum Arberg. Ihrer historischen Verantwortung ist sich Tochter Andrea Tönges voll bewusst: »Ich übernehme unsere historischen Dokumente und unser Familiengeheimnis – die Baumkuchenrezeptur. Der Baumkuchen soll auch in den nächsten Jahrzehnten weiter so gebacken werden.«

Beim Buchwald'schen Geheimrezept spielen noch ein besonderes Marzipan und edle Gewürze eine Rolle – und die Technik: In vielen dünnen Schichten wird die feine Teigmasse auf eine sich drehende Walze aufgetragen und über offener Flamme abgebacken. So entsteht die Schichtstruktur, die den Jahresringen eines Baumes ähnelt. Anschließend wird der Baumkuchen mit Aprikosenmarmelade versiegelt und mit Zuckerguss oder Schokoladenkuvertüre überzogen. Alle Buchwald'schen Baumkuchensorten schme-

cken hervorragend, nicht zu trocken oder zu süß. Andrea Tönges geht hierbei sogar vorsichtig neue Wege. Auf dem geheimen alten Familienrezept aufbauend, entwickelt sie derzeit eine Baumkuchen-Dessert-Linie.

Das *Buchwald* hat heutzutage mehr als Baumkuchen zu bieten: Gleich zwei große Theken locken mit herrlichen Torten – vor allem Sahnetorten. Modische Kapricen in Form von Skepsis gegenüber Zutaten wie Sahne, Milch und Zucker kennt man hier allerdings nicht. Man schlemmt wie vor hundert Jahren.

Eine bekannte Berliner Zeitschrift hat vor Jahren einmal in Berlin eine Umfrage gestartet: Was und wen lieben die Berliner? Die *Konditorei Buchwald* stand an vierter Stelle, noch vor dem »lieben Gott«. Letzteres soll in Berlin wiederum nichts heißen.

Konditorei & Café Buchwald:
Bartningallee 29, 10557 Berlin, Tel. (030) 391 59 31
www.konditorei-buchwald.de

Tigertörtchen – Berlin Cupcakes

*T*igertörtchen – Berlin Cup-
cakes ist eine gute Ad-
resse für alle, die fluffige Törtchen mit Topping lieben.
Und da die *Tigertörtchen* nur
halb so groß wie die üblichen
Cupcakes sind, kann man

gleich mehrere verdrücken.
Schließlich locken hier *Tigertörtchen* namens *Birne-Nuss*,
Dattel-Walnuss, *Apfel-Laven-
del* (»fruchtiger Apfel-Cupcake
mit Lavendel-Creme«), *Man-
go-Chia* oder *Pineapple Power*
(Ananas-Cupcake mit Avoca-
do-Zitronencreme). Oder sollte man sich vielleicht für die
Spreewelle entscheiden? Mar-
mor-Kirsch-Cupcake mit Kro-
kant-Haube … gut, dass die
Tigertörtchen so klein sind!
Schon wieder verlasse ich den
Laden mit einer 6er-Schach-
tel. Es gibt auch vegane, glu-
ten- und laktosefreie Varianten. Derweil hat *Tigertörtchen*
seine Produktpalette erweitert: *Cuptails* sind auf klassischen Cocktailrezepten beru-
hende Infusionen, die in einer
Pipette zu den Törtchen serviert werden, *Cake-Pops* sind
Minikuchen am Stiel, umhüllt
von einer knackigen Scho-

koladenschicht, eine Art Kuchen-Lollies. Macarons gibt es hier auch. Dass es nun schon einen zweiten Standort der *Tigertörtchen* gibt, beweist: Das Konzept geht auf. In Backkursen wird das Wissen um die besten Mini-Cupcakes der Stadt gern weitergegeben.

Tigertörtchen – Café und Backschule:
www.tigertoertchen.de

Mitte:
Chausseestraße 60 (beim BND), 10115 Berlin
Tel. (030) 679 690 51

Spandauer Straße 25 (Hinter der Nikolaikirche), 10178 Berlin
Tel. (030) 679 690 51

Goldacker

Auf der Ackerstraße findet sich ein kleines, feines Café und Schokoladengeschäft: der *Goldacker*. Wer hier zum Entspannen und Schoko-Ernten einkehrt, ist definitiv am richtigen Ort. Die hausgemachten Pralinen, Kuchen und Tartes, die heiße Schokolade und der Kaffee sind vorzüglich. Berlinbesucher schreiben über den *Goldacker*: »Ich war nur 48 Stunden in Berlin, aber in dem Café zweimal!«

Es gibt eine Auswahl hochwertiger Schokoladen, die an der Wand schön aufgereiht wie in einem Bücherregal stehen, von hinten angeleuchtet werden. Edler geht es nicht! Der Laden ist in Lila- und Brauntönen gehalten, stilvoll und schick, aber nicht protzig. Wenn man einen Platz am Fenster erwischt (der *Goldacker* ist klein), kann man dem lebendigen Treiben auf der Ackerstraße zuschauen. Der *Goldacker* hat eine familiäre Ausstrahlung, die Inhaberin Neele Umlandt plauscht gern mit ihren Kunden, von denen viele regelmäßig, manche sogar täglich hierherkommen. Der Ackerkiez ist ein besonders schöner. Trotz seiner Lage im Zentrum der Stadt im sogenannten falschen Scheunenviertel (das historische *Scheunenviertel* liegt weiter östlich) hat er sich etwas Beschauliches bewahrt. Die stets gut besuchte Markthalle, die Ackerhalle, schräg gegenüber gibt es schon seit fast 140 Jahren. Ein Besuch vor oder nach dem Pralinen- oder Tortengenuss empfiehlt sich. Die Ackerhalle wurde zwischen 1886 und 1888 erbaut. Nachdem sie den Zweiten Weltkrieg unbeschadet überstanden hatte, wurde sie in den

Siebzigern brachial neuge-
staltet. Nach der Wende wurde sie ihrem ursprünglichen
Plan gemäß umgebaut.

Ackerhalle, falsches und
richtiges Scheunenviertel, Umlandt, *Goldacker*: Schon fühlt
man sich ländlich-genüsslich
im Herzen der Großstadt.

Goldacker:
Ackerstraße 149, 10115 Berlin
Tel. (030) 400 545 69
www.goldacker.berlin

Du Bonheur

Ein Stück Paris mitten in Berlin gefällig? Dann sind Sie im *Du Bonheur* (»Vom Glück«) genau richtig! Einen größeren Kontrast als den zwischen der abgerockten Brunnenstraße am Weddinger Rand von Mitte und den perfekt zubereiteten kleinen französischen Patisserie-Wunderwerken in der Vitrine vom *Du Bonheur* kann man sich kaum vorstellen. Zwar gibt es seit Jahren Gentrifizierungsanzeichen auf der Brunnenstraße in Gestalt von Galerien, Kinderklamottenläden oder vegetarischen Restaurants, aber ihr ruppiges Image wird die Straße nicht so schnell loswerden. Das *Du Bonheur* ist hier wie ein Ufo gelandet und hat erstaunliche Bodenhaftung bewiesen.

Den Mut zum Neuanfang hatte mal wieder eine Frau: Anna Plagens stammt aus Hannover, hat aber früh ihre Schwäche für Frankreich und vor allem für die süßen Seiten des Nachbarlandes entdeckt. Im Elsass erlernte sie die Grundlagen des französischen Konditorhandwerks. Nach ihren Gesellenjahren, u. a. in der Wiener Hofzuckerbäckerei *Demel*, erhielt sie eine Anstellung beim Pariser Patissier Pierre Hermé. Fünf Jahre arbeitete Anna an seiner Seite. Ein Schwerpunkt ihrer Arbeit war die Entwicklung neuer Rezepturen. Nach ihrer Prüfung zur Konditormeisterin eröffnete sie zurück in Deutschland mit dem ehemaligen Küchenchef vom Restaurant *Uma* (*Hotel Adlon*) Stephan Zuber das *Du Bonheur*. Heute, sieben Jahre später, hat Anna Plagens' kleines Zuckerreich zwölf Mitarbeiter. Anders ist die Arbeit nicht zu schaffen, nicht bei dem An-

spruch, den Anna Plagens an sich und ihre Produkte hat. Das Angebot orientiert sich an der klassischen Pariser Patisserie; dazu gehören Frühstücksgebäck, regionale Spezialitäten wie *Cannelé Bordelais*, *Kouign Amann* oder *Kougelhopf*. Die Patisserie bietet ausschließlich Stückdesserts an wie *Mille-feuille*, *Éclair*, *Fraisier* und saisonal wechselnde Tartelettes, die Plagens' Einfallsreichtum beweisen.

Eines meiner Lieblingstörtchen ist das *Nadia*: Haselnuss-Dacquoise mit Knusperpraliné und Pistazien-Mascarpone-Creme. Oder wie wäre es mit *Lilo*? Mürbeteigboden mit gebackener Mohncreme, Orangenmascarponekuppel und Orangenfilets? Ergänzt wird dieser Reigen von einer bunten Auswahl an Macarons.

Mittlerweile hat Anna Plagens sich jedoch der Berliner Umgebung angepasst. Im *Du Bonheur* gibt's auch zünftige *Käse- und Schinkenstullen*, die die unmittelbare Berliner Nachbarschaft, so wie sie eben ist, im Blaumann, mit Fahrradhelm und Cargo-Hose von der Straße her anlocken – nicht nur die vielen in Berlin lebenden Franzosen, die zum *Du Bonheur* pilgern. Plagens möchte, »dass man die Welt um sich herum für einen Moment vergisst. Ich möchte kleine Fluchten aus dem Alltag schaffen, wie es die Franzosen beim Essen erleben. Dort sitzt man stundenlang um den Tisch zusammen, zelebriert das Essen und lässt es sich gut gehen. Diese Lebensart hat mich inspiriert und geprägt.«

Du Bonheur:
Brunnenstraße 39, 10115 Berlin
Tel. (030) 565 919 55
www.dubonheur.de

Rausch Schokoladenhaus

Man kann Berlin unter verschiedenen Gesichtspunkten besichtigen, Kunstschätze, Clubkultur, Kalter Krieg, Berliner Untergrund, Mode, Flohmärkte und so weiter. Und auch: Schokolade. Ich habe mal eine Schokoladentour durch Berlin angeboten, die gut besucht war. Zum krönenden Abschluss führte ich meine Gruppe ins *Rausch Schokoladenhaus*. Im Vergleich zu den kleineren Confiserien und Pralinenlädchen ist das *Rausch Schokoladenhaus* eine Kathedrale. Es sagt etwas über Berlin aus, dass sich an einem so zentralen Platz wie dem Gendarmenmarkt, gegenüber vom Französischen Dom, ein mehrstöckiges Prachthaus befindet, das sich auf drei Etagen nur dem Kakao und der Schokolade widmet. Man kann hier Stunden verbringen und zum Beispiel in einer interaktiven Ausstellung erfahren, wie die Kakaofrucht nach Europa kam oder wie auf Kakaoplantagen gearbeitet wird. Im dritten Stock befindet sich ein Café mit Blick auf den Gendarmenmarkt.

Im Erdgeschoss befindet sich der Einkaufsbereich mit der längsten Pralinentheke der Welt. Wenn man es geschafft hat, sich davon zu lösen, locken noch unzählige *Rausch*-Schokoladen aller Art sowie Pralinenkästen in schönem, schlicht-elegantem Design.

So modern das *Schokoladenhaus* heute wirkt, so ist *Rausch* doch ein Berliner Traditionsunternehmen. Es wird in fünfter Generation von der Familie geführt. Alles beginnt 1890: In diesem Jahr eröffnet Wilhelm Rausch sen., Sohn eines Konditormeisters und

Chocolatiers, seine eigene Konditorei. Im aufstrebenden Berlin wird Rausch schnell erfolgreich. Bald nennt der Gründer sieben Geschäfte sein Eigen. Die Kinder und Enkel führen das Unternehmen fort. 1971 tritt Jürgen Rausch in das Unternehmen ein. 1999 wird das große *Schokoladenhaus* am Gendarmenmarkt eröffnet (damals noch Fassbender & Rausch). Heute lenkt Ururenkel Robert Rausch die Geschicke von *Rausch* – und somit von vielen Menschen, denn Rausch hat in Berlin und am zweiten Standort Peine zusammengenommen über 400 Mitarbeiter. Und auch Robert Rausch ist ein echter Aficionado: Auf den linken Unterarm hat sich der junge Mann zwei Kakaofrüchte tätowieren lassen.

Zurück zum *Schokoladenhaus*: Im Erdgeschoss stehen überall riesige Berliner Wahrzeichen aus Schokolade. Neben den Modellen befinden sich Angaben zur Menge der verwendeten Schokoladenrohmasse, dem Gewicht und der auf die Fertigung verwendeten Zeit: Für die *Siegessäule* (Höhe: 108 cm) wurden 300 Arbeitsstunden aufgewendet, fürs *Brandenburger Tor* (405 Kilo Schokolade) 340. Auch die *Gedächtniskirche* (130 Kilo) und das *Reichstagsgebäude* mit Zuckerkuppel (280 Kilo, 620 Arbeitsstunden, 7153 Einzelteile) finden sich hier. Derzeit gibt es noch einen Berliner Schoko-Bären, der wie es scheint die Welt – eine Riesenpraline – auf seinen Schultern trägt. Was für ein schönes Bild! Für Berlin – und die Welt.

Rausch Schokoladenhaus Berlin:
Charlottenstraße 60, 10117 Berlin
Tel. (030) 757 882 94 43
www.rausch.de

Kleine Mensa

Wer bei dem Namen an einen spartanischen Laden denkt, liegt falsch. Es ist sehr gemütlich hier. Ein Highlight ist die große, grün verputzte Wand. Wie in einem Vorlesungssaal ist sie mit Kreide bekritzelt und bemalt, unter anderem mit Lebensweisheiten. Gäste beteiligen sich auch gern daran. In einer Ecke sorgt ein altes Klavier für Wohlfühlambiente. Dagmar Weismantel hat zuvor erfolgreich eine Kaffeebar in Karlsruhe geführt, aber nach einem Berlinbesuch war für sie klar, dass sie in der Großstadt leben möchte. Als sie die Kleine Mensa in der Triftstraße übernahm, war sie zunächst von dem etwas ruppigen Müllerstraßen-Umfeld nicht begeistert. Aber, so Frau Weismantel, »ich fand die Müllerstraße lange nicht so schlimm, wie ich Karlsruhe andersherum schlimm fand«. Heute sagt sie: »Ich liebe diesen Kiez!« Der sei im Kleinen so heterogen wie ganz Berlin. Studis und Rentner, Freaks und Normalos, Muslime, Atheisten, Veganer und Fleischesser finden hier zusammen. Weismantel ist die geborene Café-Inhaberin. Trotz ihres hohen Arbeitspensums und »gelegentlichen Stresses mit schwierigen Leuten« gefällt ihr der Job außerordentlich gut. Wenn es ihr mal nicht so gut drauf sei, dann brauche sie bloß »eine Viertelstunde lang« in ihrem Café zu sein, und schon gehe es wieder bergauf mit der Laune. Auf besondere Vorlieben und Ernährungsgewohnheiten ihrer Gäste stellt sie sich ein: So verwendet sie für ihre Kuchen und Torten keinen Alkohol, auch nicht für die Schwarzwälder Kirschtorte, Gelatine nur auf Pflan-

zenbasis. Ob Mafia-Caprese, Karotte-Vanillecreme, Altberliner Apfelstreusel, Williams-Schokonuss-Sahne oder Wiener Mocca: Man merkt, hier versteht jemand sein Handwerk. Besondere Empfehlung von mir: die Limette-Sorrent-Torte.

Kleine Mensa
Triftstraße 58, 13353 Berlin
Tel. 01 515 479 70 15
www.facebook.com/kleinemensa

Rosa Parks Café

Berlin ist immer für Überraschungen gut. Wer hätte im Soldiner Kiez im Wedding in der Nähe von Casinos, Nagelstudios und Fastfood-Buden ein Café erwartet, das an die afroamerikanische Bürgerrechtlerin Rosa Parks erinnert?

Rosa Louise Parks hatte sich am 1. Dezember 1955 in Montgomery, Alabama, geweigert, ihren Sitzplatz für einen weißen Fahrgast im Bus frei zu machen. Nach ihrer Verhaftung organisierte Martin Luther King, zu diesem Zeitpunkt ein eher unbekannter Baptistenprediger, den Montgomery Bus Boycott – den Auftakt zu den großen Protesten gegen die Diskriminierung von Afroamerikanern in den USA. Rosa Parks wurde zur Ikone der Bürgerrechtsbewegung, wurde verehrt und bekämpft. Heute gehört sie zu den berühmtesten Amerikanern des 20. Jahrhunderts. 1996 überreichte ihr Präsident Bill Clinton die Freiheitsmedaille. Die Goldene Ehrenmedaille des Kongresses, die höchste zivile Auszeichnung in den USA, erhielt sie ebenfalls. Nach ihrem Tod im Jahr 2005 wurde sie im Kapitol öffentlich aufgebahrt; sie war die erste Frau, der diese Ehre zuteilwurde. Der Bus, in dem sie damals gesessen hatte, steht nun in einem Museum. Zehn Jahre später hatte der amerikanische Künstler Ryan Mendoza hatte eine besondere Idee: Er transferierte in einer aufwändigen Aktion das ehemalige Wohnhaus von Rosa Parks von Detroit nach Berlin, um es vor dem Abriss zu bewahren und ließ es in der Nähe seines Ateliers (in der Wriezener Straße) neu errichten. Und seit 2017 gibt es dort

das *Rosa Parks Café*. Gründerinnen sind Lizzy und Maxi. Die beiden fanden, dass Rosa Parks die beste Namensgeberin für ihr Café sein würde. Um rechtlich sicher zu gehen, hielten die beiden Rücksprache mit Ryan Mendoza sowie mit der Nichte und Nachlassverwalterin von Rosa Parks. Alle stimmten zu.

Im *Rosa Parks Café* kann man sehr guten, selbst gemachten Kuchen essen, ob *Rübli-Nuss-Torte mit Frischkäse, Apfel-Mandel-Kuchen* oder *Mohn-Zimt-Haselnuss-Torte* – immer möchte man am liebsten ein zweites Stück nehmen. Die selbst gemachte Limo ist ebenfalls zu empfehlen. Das Café ist sehr schön eingerichtet, mit pfauengrüner Tapete, gerahmten Schwarz-Weiß-Fotos und alten Möbeln. Lektüre gibt es natürlich auch. Regelmäßig finden Veranstaltungen zu Menschen- und Bürgerrechtsthemen statt. Einheimische sagen: Das Café ist ein großer Gewinn für unsere Nachbarschaft.

Rosa Parks Café:
Soldiner Straße 32, 13359 Berlin
Tel. (030) 245 333 09
www.rosaparkscafe.com
www.facebook.com/wohnzimmerwedding

Wohlfarth Schokolade

Schokolade als Beruf? Der Bremer Christoph Wohlfarth hat sich einen süßen Kindertraum verwirklicht und vor zehn Jahren seine eigene Schokoladenmanufaktur eröffnet: *Wohlfarth Schokolade*. Mit solch einem wohlklingenden Nachnamen kann man das machen.

Christoph nimmt sich gern Zeit für einen Plausch, Eile ist nicht sein Ding. Ich frage ihn, wie er dazu kam, nach Berlin zu ziehen und hier einer von 160 000 Kleinunternehmern zu werden, die Berlin zu einer boomenden Stadt voller Überraschungen machen? Bevor wir uns dieser Frage annähern, erzählt Christoph von seiner Begeisterung für A-cappella-Musik, während er mir eine heiße Schokolade aufsetzt. Das Klare, Konzentrierte, Reduzierte beim a cappella fasziniere ihn und beeinflusse

ihn beim Komponieren seiner Schokoladenrezepturen. Weitere Interessensgebiete von Christoph sind Seepferdchen und Minigolf. Der ehemalige Waldorfschüler wollte zunächst ein Handwerk erlernen und entschied sich für eine Bäckerlehre. Das reine Bäckerhandwerk empfand Christoph jedoch auf die Dauer als »zu unkreativ« und das tägliche frühe Aufstehen als »wenig lustig«. So machte er noch eine Konditorlehre. Er zeigte schnell Talent, baute in seiner Ausbildungszeit mit seinem Chef einen lebensgroßen Skispringer aus Schokolade und eine sechs Quadratmeter-Torte. Beim *Patisserie Grand Prix* in Wien gewann er mit einer seiner Torten den 1. Preis.

Später arbeitete er im *VAU* von Kolja Kleeberg als Chef Patissier. 2006 wird Christoph Chocolatier bei *in't Veld-Scho-*

koladen von Holger in't Veld, der heute *dUb* leitet (s. S. 188). Gemeinsam produzierten die beiden sehr gute Schokolade am beliebten Helmholtzplatz im Prenzlauer Berg. Hier kann sich Christoph entfalten, er entwickelte die beliebten Schoko-Salzstäbchen. Vor zehn Jahren hat Christoph schließlich *Wohlfarth Schokolade* ins Leben gerufen. Manufaktur und Laden befanden sich bis zum Frühjahr 2020 in der ruhigen, von einigen Einzelhandelsgeschäften und kleinen Büros bestimmten Choriner Straße, ebenfalls im Prenzlauer Berg. Dann musste er seine Ladenmanufaktur dort wegen Mieterhöhung schließen und ist er in größere Räumlichkeiten im Soldiner Kiez gezogen. In seinem Sortiment findet man neben den Schoko-Salzstäbchen viele weitere Kreationen wie die Schoko-Salami (eine Schoko-ladenwurst mit Nüssen und Rosinenstückchen, sieht täuschend echt aus), es gibt eine Variante »ab 18« (mit Rum). Für Überraschung sorgen die Singles an der Wand über der Theke: Es sind Schokoladen-Schallplatten mit thematisch passenden Klassikern, zum Beispiel Trude Herrs Sechziger-Jahre-Schlager *Ich will keine Schokolade*. Die Schokoladen-Singles haben Rillen und lassen sich abspielen, »ungefähr acht Mal«, sagt Christoph. Dann berichtet er mir von seinem Traum: In einem großen Schokoladen-Café gäbe es eine Indoor-Minigolfanlage und natürlich ein Aquarium, in dem Seepferdchen schwimmen. Einmal im Monat findet ein A-cappella-Konzert statt ... Warum sollte sich dies nicht realisieren lassen? In Berlin, der Stadt mit den unzähligen kreativen Inseln und Nischen, ist noch vieles möglich.

Wohlfarth Schokolade:
Soldiner Straße 39, 13359 Berlin
Tel. (030) 551 565 23, www.wohlfarthschokolade.de

dilekerei

Die meisten von uns denken bei »Türkischer Küche« wahrscheinlich zuerst an Döner und Börek, vielleicht noch an Baklava. Dabei gibt es hervorragende türkisch geprägte Konditoreien in Berlin! Davon kann man sich in der Weddinger *dilekerei* überzeugen, ein wunderbar-schräger, türkisch-deutsch klingender Name. Dilek Topkara, die diese Leckereien hier zaubert, ist in Deutschland geboren und aufgewachsen. Mit ihrem Vater, einem Koch, teilt sie die Begeisterung für gutes Essen. Sie studierte in Berlin Lebensmitteltechnologie, spezialisierte sich in London auf Cake Design. Nach Jahren im Ausland kehrte sie in ihre Heimatstadt zurück und gründete 2013 *dilekerei*. Dort verzaubert sie die Gäste mit majestätischen Meisterwerken wie dem *White Choc Cake* mit Brombeere und Pistazien, der *Karamell-Nuss-Tarte mit Ganache* oder der *Orange-Maracuja-Mandel-Torte*. Den britischen Einfluss schmeckt man in klassischen Rezepten der britischen Backkunst wie *Banana Loaf* oder *Victoria Sponge*.

Dilek rekurriert auch auf türkische Traditionen, was man dem guten *Halva* anmerkt. Deutsche Klassiker interpretiert sie neu. Sie legt Wert auf hochwertige Lebensmittel, deren Herkunft sie kennt: Obst kommt von einem Bauern aus Brandenburg, Haselnüsse aus dem Garten ihrer Großeltern in der Türkei. Die Marmeladen kocht sie im Sommer selbst ein. Ihre Kekse sind handbemalt. In der *dilekerei* sehen nicht nur die Speisen bezaubernd aus. Das Café ist nostalgisch: Man taucht ein in eine Welt voll femininer

Opulenz. Die süßen Preziosen werden auf Porzellantellern oder türkischen Silbertabletts serviert.

Unter der Woche hat das Café geschlossen, dann werden Auftragsarbeiten erledigt, Hochzeits- und Geburtstagstorten gebacken oder die nächsten Backbücher geschrieben. Topkaras *Torten – Törtchen – Tartes* ist längst ein Klassiker.

»Es ist vielleicht gar nicht so schlecht, dass das Café nur am Wochenende aufhat, sonst würde ganz Wedding an Diabetes leiden«, notiert die Journalistin Daliah Hoffmann in ihrem Blog *Mit Vergnügen*, der die schönsten Seiten Berlins zeigt.

dilekerei:
Eulerstraße 11 b, 13357 Berlin
Tel. 0152 296 34 351 / (030) 929 001 22
www.dilekerei.de

Weitere Empfehlungen für Mitte, Tiergarten und Wedding:

Ben und Bellchen – Süßes Handwerk: Tolle Cake-Pops- und Praliné-Pops-Manufaktur, leckere Küchlein und Pralinen am Stiel in großer Vielfalt – eine Augenweide. Heidestraße 54, 10557 Berlin, Verkauf in der Manufaktur in der Heidestraße, Online-Verkauf sowie in ausgewählten Läden (siehe Website), Tel. (030) 311 740 05, www.ben-und-bellchen.de

Konditorei Palast: Handgemachte traditionelle orientalische Süßigkeiten, Badstraße 19, 13357 Berlin, Tel. (030) 459 596 36, www. palast-konditorei.de

Aseli – handgemachter Schaumzucker: Werksverkauf: Granatenstraße 22, 13409 Berlin, Tel. (030) 49 988 990, www.aseli.de (s. S. 139)

faktura. Bonbonmanufaktur: Tolle Mischungen wie Sanddorn-Wacholder, Zitrone-Mango oder Apfel-Sauerkirsch. Menschen mit Beeinträchtigungen können hier in ihrem Tempo arbeiten. Rungestraße 17, 10179 Berlin, Tel. (030) 280 427 70, www.faktura-berlin.de

Konditorei Damaskus: Turmstraße 77, 10551 Berlin, Tel. (030) 209 256 51, www.damaskus-konditorei-emissa.com (s. S. 126)

Sawade: Hackesche Höfe II, Rosenthaler Straße 40-41, 10178 Berlin, Tel. (030) 970 053 63, www.sawade.berlin (s. S. 33)

PRENZLAUER BERG –
PANKOW – WEISSENSEE

Bäckerei & Konditorei Siebert

Unweit des schönen Arnimplatzes befindet sich die alte, im Kiez beliebte *Bäckerei Siebert*. An die historische Bäckerei wurde vor einer Weile noch ein Café angeschlossen. Siebert ist ein Familienunternehmen: Mitten im Kaiserreich wurde es 1906 vom Urgroßvater des heutigen Geschäftsführers eröffnet. Fünf verschiedene politische Systeme und zwei Weltkriege hat die kleine Bäckerei überlebt. Die Wände bei Siebert sind mit Auszeichnungen übersät. Das beste Brötchen, der beste Mohnkuchen, das beste Brot, die Goldene Brezel ... durch die Jahrzehnte. Beinahe könnte man schon sagen: Jahrhunderte. 2013 wurde die Bäckerei vom Magazin *Der Feinschmecker* als eine der besten Bäckereien Deutschlands ausgezeichnet.

Doch bei Siebert gibt man sich unprätentiös. Die vielen Bäckerinnen, die hier wuseln, berlinern flott und arbeiten noch flotter. Man ist Andrang gewohnt, lässt sich davon nicht stressen, übertriebene Nettigkeit muss aber auch nicht sein. Alle Hände haben schließlich voll zu tun. Denn Siebert, so klein und unscheinbar die Bäckerei wirkt, ist eine Institution. Gerade für ältere Ostberliner scheint Siebert eine Zuflucht zu sein vor den rasanten Veränderungen im Prenzlauer Berg – und wenn auch nur für die Minuten des Brötchenkaufs. Für ihre Stammkunden haben die vielbeschäftigten Konditorinnen immer ein freundliches Wort. Da wird schnell zwischen Apfelstrudel und Kirschschnitte noch gefragt, wie es Hilde geht und was der Bypass macht. Oder ob die

Enkelin am Sonntag wieder in den Garten nach Blankenfelde kommt. Siebert ist bei der ganzen Nachbarschaft beliebt: In den Schlangen, die sich am Wochenende vor dem kleinen Eingang bilden, hört man es berlinern, schwäbeln, sächseln und frieseln ... Der herrliche Duft aus dem Ladeninneren lockt sie alle an. Auch drinnen kann man es sich gemütlich machen.

Bäckerei & Konditorei Siebert:
Schönfließer Straße 12, 10439 Berlin
Tel. (030) 445 75 76
www.baeckerei-siebert.de

Berliner Schokoladen Manufaktur 31°

*B*elyzium *31°* heißt die traumhafte Schokolade, die die *Berliner Schokoladen Manufaktur 31°* in verschiedenen Sorten produziert. Darin klingen das Elysium und die schönen Dinge an sich an; der Name der Schokolade leitet sich natürlich ab vom am Karibischen Meer gelegenen mittelamerikanischen Kleinstaat Belize. Belize umfasst nur 23 000 Quadratmeter, doch hier wächst viel Kakao in wilden Gärten und Wäldern. Schon die Mayas haben hier vor Jahrtausenden ihren »Göttertrank« angebaut. Andrei Shibkov und Katharina Zeilinger, die hinter der urwüchsigen belizischen Wunderbohne stehen, machen alles selber, was mit Kakao zu tun hat: Anbau und Züchtung vor Ort in Belize auf der eigenen Plantage, Erhaltung der Genetik ebendort, *direct trade* nach Berlin, Verarbeitung, Verpacken, Verkauf im Laden. *Tree to bean to bar* nennt sich dieses Modell; es geht noch einen Schritt weiter als das *bean-to-bar*-Prinzip. Bei *bean-to-bar*, also »von der Bohne zur Tafel«, kauft eine Manufaktur Säcke mit Kakaobohnen und führt die folgenden Verarbeitungsschritte selber aus. Bei *tree to bar* geht es mit dem Kakaoanbau vor Ort los. Andrei Shibkov arbeitet als Inhaber der eigenen Farm in Belize zusammen mit einer Kakaobauern-Kooperative. Damit bleibt ein Großteil der Wertschöpfungskette im Ursprungsland, und so – ohne Zwischenhändler – ist die größtmögliche Kontrolle bei Anbau und Verarbeitung der Bohnen gewährleistet. Die Kakaopflanzen wachsen in Belize nicht auf klassischen Plantagen, sondern mitten in der Natur und können das ganze

ge Fermentation und Röstung kommt es an. Die Schokolade *Belyzium 31°* schmeckt rundfruchtig mit einem Hauch ins Herzhaft-Rauchige, nicht säuerlich-bitter wie so manche dunkle Puristen-Schokolade. Kein Wunder, sie ist ja auch perfekt temperiert worden: Kakaobutter kann sechs verschiedene Fettkristalle bilden – und nur eines ist das perfekte ... Dafür muss man die noch flüssige (kristallfreie) Schokolade auf genau 31 Grad temperieren. Bei diesem Vorgang entsteht das Fettkristall Nummer 5. Dieses sorgt dafür, dass die Schokolade erst im Mund schmilzt und nicht bereits bei Zimmertemperatur.

Im Laden der *Berliner Schokoladen Manufaktur 31°* kann man Tafeln, Trüffeln, Eiscreme, Kakao Nibs, Bohnen und vieles mehr kaufen. Am erfolgreichsten ist derzeit die sogenannte *Tabu-Schokolade* mit 83% Kakaoanteil, die eine unkonventionelle Herstellung mit Erhaltung der Frische durch Kühlung erfordert. Diese Schokolade hat

Jahr über geerntet werden. Die Bohnen sind sehr hochwertig, aber zu teuer für die Großindustrie. Ohne den Einsatz künstlicher Pestizide oder Düngemittel reifen die Kakao-Früchte behutsam heran und können ihre charakteristischen Aromen entwickeln. Hohe Qualität ist den Belyzianern wichtig. Der Rohstoff, die »Urbohne«, soll möglichst unbehandelt sein, auf die richti-

schon einige internationale Preise gewonnen. Katharina Zeilinger war Schauspielerin und Kulturmanagerin. Wenn man sie erlebt, kann man sich nicht vorstellen, dass sie jemals etwas anderes gemacht hat, als allerbeste Direct-Trade-Schokolade herzustellen. Wer etwas von ihr lernen will, der kann in der *Berliner Schokoladen Manufaktur 31°* Seminare und Workshops buchen.

Berliner Schokoladen Manufaktur 31°:
Lottumstraße 15, 10119 Berlin
Tel. (030) 440 464 84
www.31-grad.de

Bekarei – portugiesisch-griechische Cafékultur

Wir sind Portugal, wir sind Griechenland und wir sind Berlin«, sagt das sympathische Paar aus der Dunckerstraße. Die Portugiesin Paula und ihr griechischer Mann George leben seit über 20 Jahren in Berlin.

In ihrer *Bekarei* werden mit viel Liebe und in feinster Handarbeit vor allem portugiesische und ein paar griechische Backwaren hergestellt. Die Auslage ist gefüllt mit so vielen süßen Leckereien, dass man gar nicht weiß, wofür man sich entscheiden soll. Man fühlt sich wie in einer Pastelaria in Lissabon oder Porto. Der echte portugiesische Galão ist einfach vorzüglich. Dazu gibt es Herrlichkeiten wie *Pastel de Nata* (den Klassiker gibt es hier auch in veganer Variante), *Leite creme* (die portugiesische Variante der *Crème brûlée*), *Pastel de noz*, *Bolo de Arroz*, *Pastel de nata brasileiro*, *Natas do Céu* (ein mehrschichtiges Dessert), *Pão de Deus* (»Gottes Brot«, eine feuchte, Brioche-ähnliche mit Kokosstreusel überzogene Teigrolle), *Toucinho do Céu* (»Speck aus dem Himmel«) ... dieser mit Schweineschmalz hergestellte Mandelkuchen wurde von den Nonnen des Klosters Santa Clara im Norden Portugals kreiert. Nicht zu vergessen die *Maria-Kekse* – ferner Backwaren wie Zimtschnecken, Laugengebäck, Croissants sowie internationale Spezialitäten, zum Beispiel *New York Cheesecake*, *Lemon Meringue Pie*, *Éclairs* oder *Cupcakes*. Den griechischen Hefezopf *Tsoureki* und das Naschwerk *Bougatsa* kann man hier auch erstehen.

Griechische Weihnachtsplätzchen gibt es übrigens ganzjährig in der *Bekarei*.

Einfache Brote und Brötchen schmecken hier auch sehr gut.

Paula und George haben ein Kleinod geschaffen, das abweicht vom üblichen Kitsch mit Fado-Klängen oder mit Poseidon-Gipsfiguren und Fischernetzen »beim Griechen«. Die *Bekarei* wirkte stilbildend. Mittlerweile gibt es eine Reihe portugiesisch geprägte Cafés in Berlin.

Wer nicht in die Dunckerstraße kommen kann, für den gibt es gute Nachrichten. Paula und George haben in Kreuzberg einen Ableger der *Bekarei* aufgemacht. Die *Bekarei* ist außerdem in der *Markthalle Neun* mit ihrem Bekarei-Mobil vertreten.

Bekarei:
www.bekarei.com

Prenzlauer Berg:
Dunckerstaße 23, 10437 Berlin
Tel. (030) 994 043 590

Kreuzberg:
Pastel, Wrangelstraße 44, 10997 Berlin

Preussisch süß – Berliner Stadtteilschokolade

Preussisch süß – Berliner Stadtteilschokolade ist eine kleine Marke, die ich im Jahr 2017 ins Leben gerufen habe. Den wunderbaren Berliner Chocolatier Christoph Wohlfarth habe ich zuvor davon überzeugen können, mit mir die Rezepturen für die Schokoladentafeln auf Basis meiner Recherchen und Vorschläge gemeinsam zu entwickeln.

Als gebürtige Berlinerin habe ich schon in vielen Stadtteilen, im Westen wie im Osten, gewohnt. In vielen meiner Bücher und Essays nehme ich Bezug auf meine Heimatstadt. Nun bin ich den Eigenheiten Berlins und seiner vom Charakter jeweils so unterschiedlichen Stadtteile (oft ehemalige Dörfer mit sehr eigenständigem Charakter, Groß-Berlin wurde bekanntlich erst 1920 gegründet) einmal nicht mit Worten, sondern kulinarisch nähergekommen.

Preussisch süß – Berliner Stadtteilschokolade unternimmt den Versuch, den jeweiligen Charakter der Berliner Stadtteile in geschmacklich treffende »Portraits in Schokolade« zu verwandeln. Klischees werden hierbei selbstredend bedient (Wedding schmeckt nach Knäckebrot und Bier, für die Leistungsträger in Mitte gibt es Kaffee und Chili, in Prenzlauer Berg schmeckt die Schokolade hingegen kindgerecht nach Vanille und Mandeln).

Auf jeder Tafel erläutert ein kleiner Text von mir die Auswahl der Ingredienzen mit Blick auf den jeweiligen Berliner Stadtteil.

Preussisch süß erinnert daran, dass Preußen zum Glück nicht nur eine militaristische

Tradition besaß, sondern in Berlin auch für eine Blütezeit der Schokoladenproduktion und -vielfalt stand. Die Hauptstadt blickt auf eine lange Tradition in der Herstellung qualitativ hochwertiger und innovativer Schokolade zurück. *Preussisch süß* ist das süße i-Tüpfelchen der Hauptstadt.

Sehr gefreut habe ich mich über die Auszeichnung *Die Süße Schnecke*, verliehen 2017 von Slow Food Berlin und dem Berliner Naschmarkt, für bestes Naschwerk aus der Region Berlin / Brandenburg für unsere Sorte »Kreuzberg«.

Die Tafeln sind handgefertigt, bio-zertifiziert und werden fair gehandelt.

Preussisch süß – Berliner Stadtteilschokolade:
www.preussisch-suess.de
Tel. (030) 443 233 79
Verkauf in vielen Confiserien, Buchläden und
Kulturorten (z. B. im Foyer der Philharmonie)
sowie online (Angaben auf der Website).

Sugafari – kuriose Süßigkeiten aus aller Welt

Neugierig auf Bonbons aus der Sahelzone, Cracker aus Indien, Lollies aus Mittelamerika, Kaugummi aus Kenia? Da sind Sie bei *Sugafari* gerade richtig – hier geht die süße Safari ab. Süßes aus allen bewohnten Kontinenten kann man hier kaufen; unterteilt wird in Westeuropa, Osteuropa, Amerika, Afrika, Ozeanien und Australien. *Sugafari* hat etwas von einem fröhlichen Süßwaren-Archiv: Unter USA findet man zum Beispiel: *Sno Balls*, *Pop Tarts*, *Fluff*, *Lucky Charms*, *Laffy Taffys*, *Twizzlers*, *Dr. Pepper Twists*, *Kool-Aid! Break Fast*, *Hostess Twinkies* ... Da bleibt doch kein Wunsch offen! Selbstredend gibt es hier auch *Peanut Butter Cups* (übrigens schon seit 1928 auf dem Markt) für diejenigen, die wirklich jeder Diät abgeschworen haben. Die süßen Überraschungen, oft farbenprächtig und exotisch, werden in alten Reisekoffern und Bananenkisten feilgeboten. Für kulinarisch Interessierte ist *Sugafari* eine Fundgrube. Hier habe ich pikante Lutscher aus Mexiko entdeckt, meine geliebten *Bani*-Keksbärchen aus Tschechien wiedergefunden und sehr leckere Melonen-Mandarinen-Orangen-Bonbons, die es nur in den USA gibt. Wie oft habe ich Freundinnen aus den USA genervt, mir beim nächsten Deutschlandbesuch die bunten runden Dosen mitzubringen ... Die Betreiber sammeln Süßwaren aus aller Welt wie Weinkenner ihre edlen Tropfen. Im Hintergrund läuft immer fröhliche Retro-Popmusik.

Empfehlenswert für Unentschiedene sind die *Wundertüten*. Von Hand bemalt und mit Aufschriften versehen wie

»Deutsche Kindheit«, »Crazy«, »Sauer macht lustig« oder »American Way of Life« lassen sie erahnen, was an Süßem oder Saurem darin schlummert. Ein Tipp für Experimentierfreudige: die *Kawaii*-Tüte mit japanischen Süßigkeiten.

Kawaii heißt auf Japanisch süß, niedlich, attraktiv. *Sugafari* ist weit über den Kiez hinaus eine feste Größe in Berlins süßer Szene geworden. Etwas speziell sind die Öffnungszeiten – unbedingt vorher nachschauen!

Sugafari:
Kopenhagener Straße 69, 10437 Berlin
Tel. (030) 956 097 13
www.sugafari.com

Schwesterherz

Das *Schwesterherz* ist eines der kleinen sympathischen Ein-Frau-Cafés, das in einer Zeit eröffnete, in der die Gewerbemieten in Berlin noch nicht astronomisch waren. Es sind diese Orte, die die Stadt interessant, abwechslungsreich und individuell machen. Im Jahr 2010 hat Jutta (ihren Nachnamen kennt kaum jemand) das *Schwesterherz* aufgemacht. Das Café ist nicht aufwändig designt, es ist einfach, aber liebevoll eingerichtet. Geld wird hier nicht für spektakuläre Aufnahmen von Foodfotografen ausgegeben, sondern eher dafür in die Hand genommen, um wirklich gutes Eis von einer Turiner Familienmanufaktur zu beziehen. Und diese Familie, so Jutta, »macht seit Generationen nichts anderes«. Über der Vitrine findet sich ein Schild mit einem Spruch »Es ist nie zu spät für eine glückliche Kindheit«. Der Spruch ist gut gewählt, denn neben dem *Schwesterherz* befindet sich Berlins größte Grundschule mit vielen Hundert Kindern, die keine Gelegenheit auslassen, ihre Eltern zu nerven: »Bekomme ich noch ein Eiiis?« Vom Sortiment der italienischen Familie sind, täglich wechselnd, 16 Sorten im Angebot. Es gibt hier auch sehr gute, ebenso große wie fluffige, nicht zu süße Waffeln und Crêpes, zum Beispiel mit Birne, Ziegenkäse und Thymian, und für die Kids mit allen erdenklichen süßen Zutaten. Trotz der vielen Arbeit, die ein solches Kleinunternehmen mit sich bringt, hat Jutta noch Energien für andere(s). Im Café wurde Kleidung für Geflüchtete gesammelt und auf antirassistische Aktivitäten aufmerksam gemacht. Ein Bücherregal für Kinder gibt es auch. Das Erstaunlichste ist jedoch Juttas Wesen. Wenn High Noon herrscht, nach Schulschluss, und die Kinder, groß und klein, sich drängeln, knuffen und puffen, bleibt sie stets ruhig und freundlich. Selbst wenn Kinder sich endlos nicht entscheiden können, ob nun Cookies oder Schokolade … oder erst Streusel gewünscht werden, dann Smarties und schließlich doch Krokantsplitter. Jutta bleibt tiefenentspannt.

Die Öffnungszeiten richten sich nach den Jahreszeiten und können gelegentlich überraschen. Aber Jutta gibt einen Tipp: »Wer den Trubel mag, kann sich zwischen 15.30 und 17 Uhr ins Getümmel stürzen. Zu dieser Zeit wimmelt es hier von Kindern. Nach 17 Uhr

ist es normalerweise wieder ruhig.« Wer nach der Arbeit noch einen Kaffee oder Tee genießen möchte, »ist dann genau richtig«.

Schwesterherz:
Kopenhagener Straße 22, 10437 Berlin
Tel. 0172 457 23 76
www.cafe-schwesterherz.berlin

187

Holger in't Veld

Holger in't Veld ist der Revoluzzer unter den Berliner Chocolatiers. Mit Federboa und Diskokugel unter dem Arm – dazu halb lange Haare und Bart –, so präsentiert er sich. Er ist zudem eher ein Schokoladen-Guru als ein gewöhnlicher Geschäftsführer eines Schokoladen-Unternehmens. Entsprechend schreibt er über sich: »Holger in't Veld meditiert seit 2002 über Kakao.«

In den 90ern als Musikjournalist umtriebig, hat in't Veld seit der Jahrtausendwende einige atemberaubende Wandel vollzogen und eine Reihe Schokomarken und -manufakturen von höchster Qualität gegründet und wieder geschlossen. So begeistert man von seiner Schokolade und seiner unstrittigen Expertise ist, so herausfordernd ist es, den Überblick zu behalten.

Der eine oder andere Schokoholic erinnert sich an den großartigen, am Helmholtzplatz gelegenen in't-Veld-Laden aus den Nullerjahren. Holger kreierte hervorragende handgeschöpfte Schokoladen, bevor es ihm viele andere in Berlin nachtaten. In't Veld war Kult. Rein unternehmerisch hatte Holger jedoch nicht immer ein glückliches Händchen. Zudem traf die Gentrifizierung mit deutlich gestiegenen Gewerbemieten, gerade im Prenzlauer Berg, auch ihn. Doch Holger in't Veld hat ein sehr gutes Geschmacksempfinden und originelle Ideen.

Was auf die Kakaobohne in Bezug auf die Schale und den Kern zutrifft, gilt auch für Holger. Er, der very cool wirkt, hat ein weiches Herz. Wenn einen der Fair-Trade-Gedanke wirklich bewegt, dann den Schokoladenguru. Faire Arbeitsbe-

dingungen, von denen er sich selbst überzeugt, Biodiversität und *bean to bar* sind für ihn ein Muss. Nun gibt es seit Neuestem *dUb chocolate*. Das Logo verbindet zwei Dinge, die Holger geprägt haben: Musik und Kakao. Auf der schematischen Darstellung einer alten Vinylplatte rinnt flüssige Schokolade und formt sich zu dem Wort *dUb*, das natürlich auch der Name einer Musik-

richtung ist, der »Abstraktion von Reggae« (in't Veld) ist. Der legendäre Produzent Lee Perry definierte Dub einst als »unfinished music«. Für *dUb chocolate* hat Holger in't Veld mal wieder die Grenzen neu ausgelotet. Seine neuen Schokoladen sind »unfinished«, untemperiert, was einen besonders frischen, einzigartigen Kakao-Geschmack hervorbringt! Übliche Schokolade ist immer temperiert (haltbar gemacht), sonst müsste sie gekühlt gelagert werden. Die *dUb*-Schokoladen werden in Blöcken vakuumiert geliefert, müssen kurz im Wasserbad verflüssigt werden und verwandeln sich im Kühlschrank zu einzigartig aromatischem Eiskonfekt. Eine lohnende Zeremonie! Und das ist noch nicht alles: Unter dem wiederbelebten Namen *bonvodou* gibt es Workshops und Tastings zum Thema Kakaobohnen und deren Verarbeitung. »Für mich sind Kakaobohnen guter Vodou«, schreibt in't Veld, »eine Mischung aus Genuss, Medizin und Droge, vor allem wenn man sie selbst zubereitet.« Entsprechend verkauft er neben Edelkakaos auch die Melangeur genannte Maschine, mit der sich in einem Gang zu Hause selbst Schokolade herstellen lässt.

Also keine »normale« Schokolade mehr von in't Veld? Doch, eine Handvoll klassische Tafeln wie Pistazie, Mandel und natürlich Hochprozentiges mit Nibs finden sich trotz des Loblieds aufs Selbermachen noch im Sortiment, sogar mit seinem Nachnamen auf der Verpackung. Für Holger in't Veld kein Widerspruch, sondern »essbare Visitenkarten« und »der Beweis, wie viel Qualität mit wie wenig Aufwand möglich ist«. Was natürlich ein Augenzwinkern beinhaltet. Denn die Technik mag erschwinglich sein, die knapp 20 Jahre »Meditation« sicher nicht. Holger ist auch als Autor in Erscheinung getreten und hat das lesenswerte, kenntnisreiche und unterhaltsame Buch *Schokoladenrebellen. Der Sound der neuen Kakao-Kultur* geschrieben (s. Bibliografie). Mit Worten kann er ebenso gut umgehen wie mit feinen Aromen.

Holger in't Veld:
www.dub-chocolate.com
www.bonvodou.com

Brammibal's Donuts

Das niederländisch-deutsche Donut-Duo Bram van Montfort und Jessica Jeworutzki, seit rund sechs Jahren gemeinsam in Berlin, hat den Donut (oder Doughnut) aus der schmuddeligen Fastfood-Ecke geholt und demonstriert, dass es sich hierbei auch um hochwertiges Gebäck handeln kann. Bisher kannte man Donuts eher von Burger-Ketten oder To-go-Läden. Die Donuts von *Brammibal's* sind nicht industriell gefertigt, sondern handgemacht und vegan. Zudem werden nur hochwertige Zutaten verwendet. Somit gelang der Brückenschlag zu einer anderen Kundschaft. Das ebenso professionelle wie passionierte Konzept überzeugt: Die Donuts sind sagenhaft lecker und in einer tollen Auswahl erhältlich. Zum Beispiel gibt es *Blaubeere-Lavendel-Donuts* oder *Lemon Poppyseed*, *Rhubarb & Cream*, *Coconut Lime*, *Maple Smoked Coconut*, *Salted Caramel Hazelnut*, *Raspberry Pistachio* oder *Strawberry Tonka*. Und *Galaxy* dürfte Kinder erfreuen.

Den tollen Donut-Shop mit dem einprägsamen Namen gibt es seit 2015. Anfänglich war das Duo auf Märkten unterwegs. Als die beiden merkten, wie gut ihre Donuts ankamen, eröffneten sie 2016 den ersten veganen Donut Shop Europas. 2018 erhielt *Brammibal's* den jährlich vergebenen Preis für bestes Naschwerk in der Region Berlin / Brandenburg, *Die Süße Schnecke*. Inzwischen gibt es sechs *Brammibal's*-Standorte in Berlin!

Gut gefällt mir auch die Idee mit den *Letter Donuts*: Das sind süße Donuts in Buchstabenform, die zusammengelegt in einer Schachtel zum

Beispiel »Alles Liebe« oder »Happy Birthday« ergeben. Da die personalisierten Buchstaben alle handgefertigt werden, sieht kein a oder e gleich aus. Maximal 24 Buchstaben- Donuts können in Auftrag gegeben werden. Also nicht gleich ein ganzes Liebesgedicht. Oder wenn, dann ein Haiku.

Brammibal's Donuts:
www.brammibalsdonuts.com

Prenzlauer Berg:
Danziger Straße 65, 10435 Berlin
Tel. (030) 343 941 25

Tiergarten:
Alte Potsdamer Straße 7, 10785 Berlin

Neukölln:
Maybachufer 8, 12047 Berlin

Friedrichshain:
Warschauer Straße 76, 10243 Berlin

Mitte:
Rosa-Luxemburg-Straße 5, 10178 Berlin

Charlottenburg:
(KaDeWe, Die Sechste)
Tauentzienstraße 21-24, 10789 Berlin

Werkstatt der Süße

Die in einer ruhigen Seitenstraße der Danziger Straße gelegene *Werkstatt der Süße* ist eine von Berlins ersten Adressen für feinste Törtchen. Das Berliner Magazin *Zitty Spezial Essen + Trinken* wählte die *Werkstatt der Süße* zur besten Patisserie 2009. Der *Tagesspiegel-Genuss-Guide* 2019/2020 empfiehlt sie nachdrücklich. Der Meister der verlockenden Törtchen – Guido Fuhrmann – stammt aus einem alten Brandenburger Konditorenhaushalt (Bäckerei und Konditorei Fuhrmann in Neubrandenburg). Neben den bei den Eltern abgeschauten Erfahrungen perfektionierte er sich als Commis Patissier / Demichef de Partie in verschiedenen erlesenen Hotelküchen und auf der *MS Arkona*. Schließlich wurde er Chef-Patissier in unterschiedlichen Spitzenküchen, u. a.

dem *Ritz Carlton*. 2006 erfolgte dann mit der Nominierung zum »Berliner Meister Patissier« der Ritterschlag der Zunft. Guido Fuhrmanns Preziosen sehen perfekt aus – wie Schmuckstücke. Er versteht sich sowohl auf Klassiker als auch auf Innovationen. Ob seine Törtchen traditionelle Sacher-Elemente aufweisen oder mit der asiatischen Yuzufrucht spielen: Sie sind immer etwas Einzigartiges, und man kann nie genug davon bekommen. Die Kombinationen, die Fuhrmann sich einfallen lässt, eröffnen sanft neue Geschmackshorizonte. Ein Törtchen mit Waldheidelbeeren wird mit Lavendelstreusel garniert. Zur Abate-Birne passen Feigen und Piemonteser Haselnüsse. Kaffee, französische Buttercreme und Dacquoise-Biskuit harmonieren miteinander. Großartig sind auch

seine Kombinationen von herben und süßen Geschmacksrichtungen, so hat er Rote Beete oder Paprika mit dunkler Schokolade und Sablé Breton kombiniert. Die Zutaten sind stets ausgesucht fein. Ihren funktional anmutenden Namen hat die *Werkstatt der Süße* nicht umsonst. Man darf alles Mögliche probieren, eine Gläserne Manufaktur gibt es auch. Jeden Samstag kann ein Termin gebucht werden, um Blicke hinter die Kulissen werfen zu können. »Stellen Sie alle Fragen, die mit Konditorei und Patisserie zu tun haben oder was Sie schon immer im persönlichen Kurs erfahren wollten!«, fordert Guido Fuhrmann seine Gäste auf.

Der unprätentiöse Name, der das Können und das Handwerk betont, passt zur sparsamen, fast minimalistischen

Inneneinrichtung. Wir haben es hier nicht mit einem der vielen flauschigen, rosaroten Kaffeeklatsch-Törtchen-Reiche zu tun, sondern mit einer Patisserie-Schmiede, in der beeindruckende Präzisionsarbeit geleistet wird.

Gemütlicher ist es vor der Tür: Die Husemannstraße hat breite Bürgersteige, so dass man hier im Frühjahr und Sommer entspannt draußen an den Tischchen der *Werkstatt der Süße* sitzen und genießen kann. Nur der Moment, wenn die Gabel in eines der kleinen Kunstwerke sticht, der tut weh ...

Werkstatt der Süße:
Husemannstraße 25, 10435 Berlin
Tel. (030) 325 901 57
www.werkstatt-der-suesse.de

Fräulein Schneefeld & Herr Hund – Chocolaterie und Buchhandlung

Schokolade und Bücher sind die Leidenschaft von Daniela Hense und Clemens Seitner, einer Köchin und einem Buchhändler. Zwei Dinge, die sehr gut zusammenpassen, wie man in ihrem wunderschön gestalteten, auf sympathische Weise leicht überladen wirkenden Geschäft mit gemütlicher Schmöker-Ecke in der Prenzlauer Allee erleben kann. Bücher und Süßwaren scheinen hier geradezu organisch zusammengewachsen zu sein. Schälchen mit kleinen Trüffeln und Taschenbücher, große Schokoladentafeln und Hardcoverbücher ... Allein in diesem Laden für Ordnung zu sorgen und Gefäße aufzufüllen, stellt man sich nicht ganz einfach vor. Doch es gelingt, »Fräulein Schneefeld« alias Daniela Hense hält die Fäden in der strengen Hand, der Laden sieht perfekt aus. Wie so viele Unternehmer aus der süßen Branche hat das Paar aus einem persönlichen Faible einen Beruf gemacht. Frau Hense ist im Übrigen nicht nur Köchin, sondern auch Diplom-Figurenspielerin. Ihr Stück *Schokolade – ein Theaterstück zum Genießen* war, wie sie sagt, »so etwas wie die Urwurzel unseres Ladens«. Doch wie ließ sich der Schritt zum eigenen Laden bewältigen? Am Anfang, vor sechs Jahren, stand einfach nur der Traum von einem märchenhaften Laden mit feinster Schokolade und den schönsten Büchern. Um einen Kredit zu bekommen, starteten die beiden Ende 2014 ein Crowdfunding bei Startnext. In acht Wochen war das Geld zusammen. Seit 2016 liegt hier ein Augenschmaus aus besonders guten und zum Teil selte-

nen Schokoladen wie *Amedei* aus der Toskana, *Schell* aus Neuguinea oder *Goldhelm* aus Leipzig neben exklusiven Büchern aus. Hier findet man Bücher, die anderswo längst vergriffen sind. Zu erwähnen ist auch das interessante Kochbuchsortiment. Neue Kochbücher werden vom Fräulein Schneefeld erst einmal »zu Hause selbst erprobt«. Ferner ziert den Laden eine Pralinen-

theke; es gibt sehr guten Kaffee und die schon erwähnte Schmöker-Ecke, aus der man gar nicht wieder wegwill. Gelegentlich finden Lesungen und Verkostungen statt. Nicht zu vergessen: Manchmal gibt es Puppentheater vom Fräulein Schneefeld.

Ein Erlebnis ist das Paar Hense & Seitner aka Schneefeld & Hund selbst. Daniela Hense ist stets wie eine Märchenfigur angezogen, gern in gepunkteten Kleidern, mit knallrotem Lippenstift, schön und extravagant hinter der Bar von Köstlichkeiten. Mit ihrem tiefschwarzen Haar und ihrer hellen Haut könnte sie sich auch »Frau Schneewitte« nennen. Das soll sicher in »Schneefeld« anklingen. Dem etwas fahrig wirkenden, liebenswerten Herrn Hund mit Hang zu interessanten Jacketts und Brian-Jones-artiger Frisur hört man gern zu, vor allem, wenn man Freude an Gedankensprüngen hat. Von Literatur versteht er viel. Über den gemeinsamen Laden sagt er: »Unser Buchladen ist einer für Flaneure. Flaneure sehen kein sonderliches Wagnis darin, einmal einen anderen Weg einzuschlagen (...). Wenn Sie so wollen, suche ich meine Bücher flanierend aus. Das ist mein Tempo. Da bin ich stur.«

Die etwas pragmatischer wirkende Schneefrau scheint die Wirkung ihres Partners auf das Publikum richtig einzuschätzen. Auf der Website erfährt der Besucher, nachdem er auf die tolle heiße Schokolade (wirklich gut) aufmerksam gemacht wurde: »Herr Hund hat kein Rezept, überrascht aber mit Ideen – auch mit sich selbst. Und er genießt anfangs Welpenschutz.«

Der Hund ist jetzt zwar längst ein ausgewachsenes, eigensinniges Buchhändlertier, aber Schutz, den bedarf dieser zauberhafte Laden definitiv. Denn auch hier auf der Prenzlauer Allee, eine der großen lauten Ausfallstraßen im Prenzlauer Berg, die bis vor Kurzem noch eher von Blumenläden, Casinos oder Nagelstudios gesäumt war, steigen die Gewerbemieten stark an. Für weniger liquide Inhaber wird es auch hier schwerer.

Fräulein Schneefeld & Herr Hund:
Prenzlauer Allee 23, 10405 Berlin
Tel. (030) 773 25 205, www.schneefeld-und-hund.de

Popkornditorei Knalle

Lucie, André, Christopher, Johannes, Jan, Felix, Markus und Rajko sind die *Knallistas* oder *MAISter*, die gemeinsam hinter der *Popkornditorei Knalle* in der Raumerstraße stehen. Sie legen sich, laut Eigenaussage, täglich dafür ins Korn, »das beste Popcorn der Welt in die Gourmet-Gaumen des Knusper-Universums zu zaubern«. Lucie ist die Chefin der Männertruppe. Christopher ist KEO, Knusper Executive Officer. Er sagt, am Anfang von *Knalle* stand die Neugier, sich Popcorn auf echtem Sterne-Niveau vorzustellen, also viel interessanter und abwechslungsreicher als nur »süß« oder »salzig« nach der alten Kinoregel.

Die *Popkornditorei* ist eine Manufaktur mit Lust zum Experiment; alles wird selbst hergestellt. Ausgangsstoff für die Köstlichkeiten ist südfranzösischer Mais, vom Premium-Partner Nataïs geerntet. Jede Woche werden mehr als zwei Millionen Maislinge in der Raumerstraße »geknallt und gesiebt«. Zentrales Geschmackswunder ist dann das Veredeln mit ausgewählten Zutaten. Dafür wird das Popcorn karamellisiert und mit feinsten Zutaten im Ofen gebacken. Nach dem Backen wandern die fertigen »Pop-Pralinen« direkt vom Blech in die Tüten, um schnellstmöglich vom Kunden verknuspert werden zu können. Unterstützt werden die *Knallistas* bei der Abfüllung und Logistik von sozialen Einrichtungen in und um Berlin.

Was dabei herauskommt, macht das Sofa, den Balkon oder die Wiese zum Knusperversum: *Lavendelblüten-Grapefruit-Popcorn, Popcorn mit Brezel und Weißer Scho-*

kolade, *Butterkaramell-Tahitivanille*, *Tonkabohne-Kokos* (vegan), *Dulce de Leche-Macadamia-Popcorn* ... da bleibt kein Gaumen trocken. Fazit: Perfekter Laden, perfektes Produkt für Berlins Kreativistas. Als eines seiner Vorbilder nennt der KEO unter anderem den »Grenzentester« Jan Böhmermann, der die *Popkornditorei* sehr zu schätzen weiß ...

Popkornditorei Knalle:
Raumerstraße 32, 10437 Berlin
Tel. (030) 421 439 97
www.knalle.berlin

Jubel — feine pâtisserie

In der kleinen, feinen Patisserie auf der Hufelandstraße gerät man vor der Theke sofort ins Grübeln: Nimmt man nun das Mango-Koriander-Cashew-Törtchen, das Blaubeerquark-Orangenblüten-Törtchen mit schwarzem Sesam oder das Zitronen-Törtchen mit nordafrikanischem Ras-el-Hanout-Gewürz und Granatapfel? Oder wie wäre es mit einem Ziegenfrischkäse-Himbeer-Rosmarin-Honig-Bällchen? Den Grübelnden sei gesagt, dass man bei *Jubel* keine falsche Entscheidung treffen kann. Die Wahl erleichtert ein kundenfreundliches Angebot: Es gibt alle Sorten in zwei Größen, so dass man sich mit Mini-Törtchen erst mal einen geschmacklichen Überblick verschaffen kann. Seit 2014 gibt es *Jubel* im Bötzowkiez. Das zurückhaltend kühle Innendesign lässt die reich befüllte Theke umso heller erstrahlen. Man scheint es mit einem Schatzkästchen zu tun zu haben. Hinter *Jubel* stehen die beiden Freundinnen Kai Michels und Lucie Friedrich, beide mit langjähriger Erfahrung im Gastro- und Konditorengeschäft. Gemeinsam haben sie eine Kreativbackstube auf Sterneniveau geschaffen, mit modernen Interpretationen süßer Klassiker, verfeinert mit ungewöhnlichen Ingredienzen. Und: Der Kaffee und die heiße Schokolade schmecken auch ausgezeichnet.

Jetzt drängen sich schon wieder neue Gäste in den Laden. Schnell noch einen Erdbeer-Basilikum-Frischkäse-Windbeutel probieren … denn: Kurz vor Ladenschluss ist die Theke hier meistens leergefegt.

Jubel – feine patisserie:
Hufelandstraße 10, 10407 Berlin
Tel: (030) 552 161 50
https://jubel.berlin

Blumencafé

An die muffige Zweigstelle der Deutschen Post kann ich mich noch gut erinnern. Wie viel schöner ist es jetzt an diesem Ort! 1993 zog ein Blumenladen hier ein. Etwas später wurde der Laden um ein Café erweitert. Man sitzt nun herrlich zwischen Pflanzen, und wenn man Glück hat, flattert mal eben ein großer Papagei an einem vorüber und krächzt einem ins Ohr. Denn zu dem *Blumencafé* gehören die beiden – sehr großen – Aras Erwin und Arno, wie die Blüte zur Blume. Kater Charlie streift auch noch umher und nimmt gelegentlich den einen oder anderen Sitzplatz in Beschlag. Das *Blumencafé* ist ein wunderschöner, einzigartiger Ort, liebevoll nostalgisch eingerichtet, mit allerhand Tand, eine Mischung aus Trödelmarkt und grüner Oase. Von der Schönhauser Allee her wird man nicht sofort auf das Café aufmerksam, man muss wissen, wo es sich befindet. Draußen werden gewöhnlich Kakteen (*Von Maxi bis Mini* – so aus der Werbung des Ladens) angeboten. Im Sommer kann man auch – mit etwas Abstand zu den Kakteen – in Korbstühlen sitzen und seinen Kuchen oder seine Quiche genießen. Apropos Kuchen. Hier wird ausschließlich selbst gebacken. Es gibt ein wechselndes Angebot, aber ich kann die *Schokoladen-Birnen-Tarte* sehr empfehlen, ebenso die *Himbeer-Schmand-Sahne-Torte*, die *Quark-Heidelbeer-Torte*. Lecker ist auch der *Apfelkuchen*. Man kann hier gut frühstücken und Herzhaftes wie Suppe und Quiche essen. Alles wird selber gekocht. Würstchen (*Landjuwel*) stammen von der Berli-

ner Fleischerei Mischke. Für die warme Jahreszeit sei noch der Eisbecher *Blumencafé mit hausgemachtem Fruchtmark und Flower-Power-Gewürzmischung* empfohlen.

Blumencafé:
Schönhauser Allee 127 a, 10437 Berlin
Tel. (030) 447 34 26
www.blumencafé-berlin.de

Café Sommerlust im
Schlosspark Schönhausen

In den schönen Pankower Schlosspark verirren sich nicht viele Touristen, die Pankower sind hier weitgehend unter sich. Hier steht Schloss Schönhausen, ein hübsches Barockschloss. Durch den Park fließt malerisch die Panke. In der DDR-Zeit diente Schloss Schönhausen als Amtssitz von Wilhelm Pieck, dem ersten (und einzigen) Präsidenten. Geschichtliche Bedeutung erlangte das Schloss unter Friedrich dem Großen als Sommersitz der Königin Elisabeth Christine von Preußen. Friedrich der Große lobte am Schlosspark besonders die hohe Qualität der Obsternte. In den Treibhäusern zog man zu jener Zeit exotische Früchte wie Ananas, Melonen und sogar Bananen. Nach dem Tod der Königin blieb Schönhausen im Besitz der Hohenzollern. Bedeutsam war eine Umgestaltung des gesamten Geländes durch Hofgärtner Peter Joseph Lenné zum Landschaftspark. Der prachtvolle alte Baumbestand aus Akazien, Eichen und Kastanien lädt zum Spazierengehen ein.

Seit Ende 2009 ist das Barockschloss als Museum für Besucher geöffnet. Es gehört zur Stiftung Preußische Schlösser und Gärten Berlin-Brandenburg. Wenn man durch den schönen Park mit seinen Liegewiesen schlendert, stößt man auf ein sympathisches Freiluftcafé, das *Café Sommerlust*. Hier sitzt man unter hohen Bäumen angenehm schattig. Das Café ist ein großer Gewinn für den Park. Entsprechend ist es meist trubelig. Betagte Damen und junge Familien stehen hier an, Studenten im Batik-T-Shirt und Dreitagebart neben Rentnern in beigen Hosen mit Bü-

gelfalte und schwarzen Herrentäschchen unterm Arm.

Anni Rosenthal und ihr Team verkaufen guten Kuchen und Getränke, alles in Bio-Qualität. Besonders begehrt ist das köstliche exotische Eis von *Paletas* (s. S. 120). Statt Ananas und Melonen zur Zeit Friedrichs des Großen genießt man *Gurken-Zitronen-*, *Erdbeer-Limetten-* oder *Mango-Kokos-Eis*, wobei meine Empfehlung das *dunkle Schokoladen-Eis* auf Kokosnussmilch-Basis ist.

Pluspunkt für Familien: Nicht weit entfernt, auf der anderen Seite des Parks, befindet sich ein kleiner Kinderbauernhof namens *Pinke Panke*. Pluspunkt für alle: Der Schlosspark, der sich bis vor Kurzem in der Einflugschneise des Flughafens Tegel befand, ist nun wieder lärmfrei.

Café Sommerlust c/o Schloss Schönhausen:
Tschaikowskistraße 1, 13156 Berlin
Tel. 0176 832 901 44
www.sommerlust.berlin

Café mint

Der Botanische Volkspark Blankenfelde-Pankow wurde 1909 als zentraler Berliner Schulgarten angelegt. Während der beiden Weltkriege wurde von hier die Bevölkerung mit Landwirtschaftsprodukten versorgt. In der DDR nannte sich die Parkanlage im schönsten Bürokratschick-Deutsch: Agro-Biologische Zentralstation der Thälmann-Pioniere Walter Ulbricht. Nach der Wende wurde das Gelände als Botanischer Volkspark öffentlich zugänglich gemacht und steht nun unter Denkmalschutz. Inmitten von Pflanzen kann man hier ein kleines Tea-Time-Paradies erleben. Tom Rolleston, irisch-britischer Abstammung, betreibt dort das *Café mint* – eine echte Oase für Parkspaziergänger, Mauerweg-Wanderer und Ausflügler, die es in den nahe gelegenen Naturpark Barnim verschlägt. Die Kuchenvitrine lässt sich nicht lumpen. Bei Tee (Blätter, nicht Beuteltee), hausgemachtem Kuchen (mein Favorit ist derzeit die großartige *Buchweizen-Himbeer-Torte*) oder original britischen *Scones mit Clotted Cream und Erdbeerkonfitüre* lässt sich gut ausspannen. Man sitzt herrlich zwischen zwei Hochgewächshäusern aus den 1920er Jahren oder bei gutem Wetter auf der Wiese vor dem Café. Hier können Kinder spielen oder ein paar Schritte weiter gehen zum Dammhirschrevier. Dort kann man für 50 Cent Futter für die Tiere aus einem Automaten ziehen. Die Erwachsenen unterhalten sich währenddessen nicht nur miteinander, sondern auch mit Herrn Rolleston, der ein begnadeter Entertainer ist. Gern erzählt er seinen Kunden etwas über

seine großen Leidenschaften: seine Heimat und das Backen. Rezepte wandelt er oft ab, bevor sie in die Karte aufgenommen werden. So zum Beispiel den englischen *Zitronen-Holunder-Käsekuchen*, den er zuvor mit Himbeer- und Caipirinha-Geschmack ausprobierte. »Die Scones backe ich nach einer Methode meiner irischen Mutter. Sie sind also eigentlich eher irisch als englisch«, sagt Rolleston. Das *Café mint* war mal ein Geheimtipp. Die Innenbezirkler sowie Touristen hatten das im äußersten Norden gelegene Gewächshausparadies lange nicht auf dem Schirm. Doch nun ist bei gutem Wetter zumindest am Wochenende hier einiges los. Wenn es voll sein sollte, empfiehlt es sich, ins Tropengewächshaus zu gehen. Dort gibt es eine botanische Seltenheit: die *Königin der Nacht*, die nur einmal im Jahr nach Sonnenuntergang blüht.

Café mint:
Botanischer Volkspark Blankenfelde-Pankow
Blankenfelder Chaussee 5, 13159 Berlin
Tel. 0176 57 225 621
www.cafe-mint.de
(nur mittwochs bis sonntags geöffnet)

Milchhäuschen

Im Nordosten Berlins, sieben Kilometer vom historischen Stadtzentrum entfernt, befinden sich der Bezirk und der gleichnamige Weißensee, der zu jeder Jahreszeit viele Spaziergänger einlädt. Direkt am Weißensee liegt das *Milchhäuschen*. Ende des 19. Jahrhunderts sollte auf dem Gelände um den See ein Tivoli nach Kopenhagener Vorbild entstehen. Ein Unternehmer hatte hierfür Land erworben. Fehlkalkulationen waren damals in Berlin und Umgebung jedoch schon an der Tagesordnung. Aus dem groß angekündigten Vorhaben wurde nichts. Lediglich ein kleines Gartenhaus wurde errichtet. Es diente den Eigentümern als private Erholungsstätte am See.

Aus dem Gartenhaus wurde 1913 eine Milchverkaufsstelle, die Produkte aus dem gemeindeeigenen Kuhstall anbot. Damit entstand der Name *Milchhäuschen*. In den Folgejahren wurde daraus eine kleine Gaststätte. Das kleine *Milchhäuschen* überlebte zwei Weltkriege und einen Brand (bei dem das prächtige *Schloss Weißensee* zerstört wurde). Erst in den sechziger Jahren wurde das baufällige Häuschen abgerissen. Die Ostberliner setzten 1976 ein neues, funktionales Gebäude an die alte Stelle. Doch der Name *Milchhäuschen* blieb – und die Terrasse. Seit Mitte der neunziger Jahre versorgt Familie Wachenbrönner die Gäste hier mit Herzhaftem, aber auch Süßem. Man hat es nicht mit Haute Cuisine zu tun, aber mir gefällt die unkomplizierte, bodenständige Berliner Küche. Ich empfehle den *Apfelkuchen* oder die *Berliner Rote Grütze mit Va-*

nillesauce sowie die *Sorbets*. Die sind hausgemacht aus saisonalem Obst und wirklich lecker. Nach all dem Kreativ-Zauber der Innenstadt kann man hier auf der Terrasse auf die tolle Fontäne blicken, die der Weißensee in seiner Mitte beständig ausspuckt, und mal wieder Leute berlinern hören.

Milchhäuschen:
Parkstraße 33 A, 13086 Berlin
Tel. (030) 927 11 44
www.milchhaeuschen-berlin.de

Friedas Glück

Eine besonders schöne Gegend in Weißensee ist das *Komponistenviertel*. Die Straßen heißen Smetanastraße, Mahlerstraße, Bizetstraße und so weiter. Hier liegt ein kleines, zauberhaftes, wie ein privates Wohnzimmer anmutendes Café-Geschäft: *Friedas Glück*. Inhaberin Josepha Gehrke hat das Café nach ihrer Großmutter benannt, mit der sie eine enge Beziehung verband. Josepha ist in Ostberlin in einem Drei-Frauen-Haushalt aufgewachsen. Großmutter Frieda war kurz nach dem Krieg – aus Liebe – von der Schweiz nach Hohenschönhausen gezogen. So wächst Josepha sowohl mit schweizerischen als auch ostdeutschen Einflüssen auf, was sich später in ihrem Laden-Café niederschlagen wird. Im Oktober 1989 zieht die Familie nach Donauwörth. Josepha geht in Bayern zur Schule, macht Abi, studiert Kommunikationsdesign in Augsburg. Rückblickend bezeichnet sie sich als »Wossi«. Als die Großmutter stirbt, erbt die talentierte Enkelin, nun Designerin, tolle »ostalgische Dias«. Es ist die Zeit, in der die junge Generation im Osten, die Wendekinder, sich die Splitter der Vergangenheit zu einer kohärenten Erzählung zusammenfügt. Die Fundstücke von Großmutter Frieda bereitet Josepha Gehrke digital auf und beginnt, sie als Frühstücksbrettchen, Magneten, Mousepads und Postkarten zu verkaufen. Sie nennt ihre Marke *Friedas Glück*. Josepha Gehrke zieht um, nach Weißensee. Sie hat nun selbst eine kleine Familie und stellt fest, wie viele Leute mit Kinderwägen hier im Kiez gern mal eine Kaffeepause machen würden.

Aber im Komponistenviertel fehlt es an ansprechender Gastronomie. Josepha Gehrke besinnt sich auf ihr zweites Standbein. In ihrer Studienzeit hat sie als Kellnerin gejobbt. »Vom französischen Sterne-Restaurant über die Cocktailbar bis zum Biergarten in Bayern, ich habe schon viele Varianten der Gastronomie kennengelernt.« Ihre Idee, aus dem Erbe ihrer Großmutter mehr als hübsche Design-Artikel zu machen, geht sie pragmatisch an. Schließlich findet sie geeignete Räumlichkeiten in einem Eckladen Lindenallee / Bizetstraße. 2013 kann sie ihr kleines Unternehmen *Friedas Glück* mit einem schönen Laden-Café krönen: *Vintage & Handgemachtes, Schweizer Spezialitäten & Ostalgisches, Süßes & Herzhaftes* gibt es fortan hier! Eine einmalige Mischung von den Alpen bis zu den Platten in Hohenschönhausen.

Zwischen der Schweiz und der DRR sieht Gehrke übrigens Gemeinsamkeiten: In beiden Ländern wurde oder wird viel von Hand gemacht, auf die Wiederverwertung von Dingen Wert gelegt. Es gibt für Josepha Gehrke oft Gelegenheiten, in die Schweiz zu reisen, denn ihre Mutter, in Hohenschönhausen geboren, hat die umgekehrte Richtung wie die Großmutter eingeschlagen und lebt nun in der Schweiz. So fing alles an mit dem Glück in Weißensee – für die vielen Bewohner dort, die sich seit Langem nach einem so schönen Laden-Café wie *Friedas Glück* im Komponistenviertel gesehnt haben. Die Kuchen sind hausgemacht – oft nach Schweizer Rezepten. Sehr empfehlenswert sind auch die leckeren, liebevoll angerichteten Frühstücke. Auf der kleinen Terrasse sitzt es sich besonders gut.

Friedas Glück:
Lindenallee 55, 13088 Berlin
Tel. 0152 34 098 781
www.info95264.wixsite.com/friedasglueck
facebook: www.facebook.com/cafefriedasglueck

Weitere Empfehlungen für Prenzlauer Berg, Pankow und Weißensee:

Oak & Ice – Natural Born Icecream: Schon mal Safran-Crème, Rote Beete oder Black Coconut probiert? Vorzügliches Eis, auch Klassiker. Smoothies, z. B. *Yellow Submarine* und *Strawberry Fields*. Schönhauser Allee 52, 10437 Berlin, Tel. (030) 521 041 10, www.oakandice.com

Zuckerberg Traditional Candy Shop: Wunderbare Candybar mit sehr großer Auswahl an loser Ware. Schönhauser Allee 128, 10437 Berlin, Tel. (030) 547 133 57, www.zuckerbergshop.de

Zuckerstück: Hübsches, kleines Café im Omastil mit Blümchentapete. Alles wird hier selbst gemacht, nicht nur Kuchen, Buttermilchpfannkuchen und Kekse, auch das Brot und die Marmelade – das schafft die Inhaberin und Geschäftsführerin, die auch die Bäckerin und Konditorin ist und Familie hat, allein. Strohhut ab! Die *Schwedischen Zimtschnecken* sind riesig, saftig und auch noch günstig. So wie das leckere Frühstücksangebot. Schivelbeiner Straße 7, 10439 Berlin, Tel. (030) 436 638 41, www.cafezuckerstueck.eatbu.com

ShuGa – Café Pâtisserie Artisanale: ShuGa steht für Shuki und Galia, die Namen des sympathischen Inhaberpaars. Tolle Mischung aus französischen, israelischen und deutschen Backwaren! Zauberhafte Törtchen! Gleimstraße 42, 10437 Berlin, Tel. (030) 241 748 18, www.shugaberlin.com

Frau Krüger: Schöne Terrasse am Mauerpark und gute Kuchenauswahl. Kopenhagener Straße 37, 10437 Berlin, Tel. (030) 120 98 504, www.cafe-fraukrueger.de

MARZAHN

Konditorei & Feinbäckerei Engel

Marzahn, da denkt man zuerst an Plattenbauten, Häuserschluchten und Ausfallstraßen. Und doch befindet sich hier mit der *Konditorei Engel* ein echtes Berliner Traditionshaus. In bester Lage, nämlich am Victor-Klemperer-Platz. Hier gibt es u. a. drei Kinderspielplätze, das Jugendzentrum Fair, das Forum Treff, in dem Kulturveranstaltungen stattfinden. Und eben die *Konditorei Engel*. Der Neubau ist von außen unauffällig. Aber man sitzt gut, und die Tortenauswahl ist prächtig. Der Sohn des Gründers, Andreas Engel, der heutige Inhaber, hat Zeit für mich. Er berichtet mir ausführlich vom spannenden Werdegang der Konditorei. Er ist gebürtiger Friedrichshainer. Angefangen hat alles in Alt-Marzahn, dem Dorfkern, der optisch nichts mit den Plattenbausiedlungen gemein hat. 1961 ergab sich die Chance für eine Filiale in Friedrichshain: Wenige Monate nach dem Mauerbau gelang es dem früheren Besitzer eines Ladens auf der Warschauer / Ecke Kopernikusstraße, aus der DDR zu türmen. Andreas Engel erzählt, wie erstaunt sein Vater war, als in der verlassenen Ladenwohnung noch die künstlichen Kerzen am Weihnachtsbaum brannten. Das Geschäft im neuen Laden lief sehr gut – bis die Wende kam und mit ihr zwei Übel: eine Einbruchsserie und steigende Mieten. Die Konditorei ist dann zurück nach Marzahn.

Heute ist es mal wieder sehr voll. Alte und junge Leute, schickere und »oll« Gekleidete, finden hier zusammen, eine Berliner Mischung – ohne »Chichi«, wie Herr Engel

aus, als ob er sich schnell einschüchtern lässt.

An der Wand fällt der imposante Meisterbrief von Vater Engel auf. Ferner sieht man eine ganze Reihe Fotos von unglaublichen dreistöckigen Tortenkreationen und zum Teil recht wuchtigen Hochzeitspaaren, daneben gekritzelte Dankesgrüße »für die tolle Torte« an Familie Engel. Bei *Engel* wird alles selbst gemacht, sogar die Marzipantiere und Tortendekos werden nicht einfach irgendwo eingekauft und dann »uff die Torte jepappt«. Vermutlich hat Andreas Engel Recht. Der Blick auf einzelne, besonders schöne Confiserien und Konditoreien in diesem Buch soll nicht die Wirklichkeit verklären, sondern den Blick auf genau diese Handwerksbetriebe lenken. Denn natürlich stellen sie eine Minderheit im Vergleich zu großen Backshop-Ketten und Billigbäckern dar. Bei *Engel* schmeckt meine *Wiener Schnitte* mit zwei verschiedenen Marmeladen sagenhaft gut. Die Kuchen-

sagt. Trendy ist es hier nicht, aber authentisch. »Wenn im Freizeitforum 'ne Veranstaltung ist«, verrät mir Herr Engel, »dann kommen uff eenen Schlach hunnert hungrije Damen hier rinn.« Für diesen massiven weiblichen Andrang muss man gerüstet sein. Andreas Engel mit seinen kräftigen Oberarmen, dem sehr kurz geschnittenen Haar und den vielen Tattoos sieht nicht

auswahl ist nicht bemüht exotisch, sondern klassisch-köstlich und sehr gut, das Eis vorzüglich. Heiße Schokolade gibt es in drei Sorten. Dass man bei *Engel* sein Handwerk wirklich liebt, merkt man an kleinen Details und auch daran, wie gut hier mit den vielen, zeitgleich einströmenden, manchmal laut schimpfenden, ungeduldigen oder betrunkenen Gästen umgegangen wird. Herr Engel ist hier nicht nur Konditor, sondern gleichzeitig auch Türsteher und Seelentröster.

Konditorei & Feinbäckerei Engel:
Marzahner Promenade 55
(im Freizeitforum Marzahn, Erdgeschoss)
12679 Berlin
Tel. (030) 986 396 11
www.konditorei-engel.de

Café am Wolkenhain

Ist man in der wärmeren Jahreszeit unterwegs in Marzahn, sollte man in die *Gärten der Welt* fahren und dort mit der Seilbahn zu einem der schönsten und höchst gelegenen Cafés in, vielmehr über Berlin fahren! In den *Gärten der Welt* gibt es mehr als zehn Themengärten, beispielsweise einen Japanischen Garten mit Tempelanlage, einen chinesischen Garten mit großem Teehaus, einen Balinesischen Garten, einen Orientalischen, einen Italienischen Renaissancegarten und viele mehr.

Der Vorläufer der *Gärten der Welt* wurde 1987, anlässlich der 750-Jahr-Feier Berlins in der Hauptstadt der DDR, errichtet. Nach der Wende entstanden die *Gärten der Welt*. Wenn man hier eine Weile – man kann locker einen Tag in den tollen Gärten verbringen –

herumgelaufen ist, könnte man als krönenden Abschluss mit der Seilbahn hoch zum Kienberg fahren. Der spektakuläre Anblick aus bis zu 35 Metern Höhe reicht bis zum Zentrum Berlins. Oben angekommen, findet man einen wolkig-organisch geformten Aussichtsturm vor, eine bizarre Architektur: den Wolkenhain. Am Wolkenhain kann man auf einer großen Terrasse sitzen, das Wuhletal zu Füßen und einen guten Erdbeerkuchen oder *Russischen Zupfkuchen* verputzen. Von hier hat man einen tollen Blick auf die Marzahner Hochhaus-Skyline. Hinter der Marzahner Skyline kann man den Fernsehturm, das Charité-Hochhaus und andere Innenstadtgebäude sehen. Wenn hier oben die Sonne untergeht, dann leuchtet die ganze Stadt. Und Marzahn mit ihr.

Wolke Sieben:
Hellersdorfer Straße, Auf dem Kienberg 159, 12619 Berlin
Tel. (030) 959 986 335
www.wolkesiebenberlin.de

Weitere Empfehlungen für Marzahn und Hellersdorf:

Café Krümelkeks: Ein Eltern-Kind-Café in sanften Pastellfarben gehalten, mit großem Spielzimmer, man könnte meinen, man befände sich im Prenzlauer Berg. Zu schmausen gibt es Leckeres wie *Blaubeermuffins, Crêpes,* Waffeln, Eis – und die guten selbst gemachten *Krümelkekse.* Zu empfehlen ist der *Käsekuchen mit Grütze.* Alles selbst gemacht. Café Krümelkeks, Allee der Kosmonauten 151 F, 12695 Berlin, Tel. 0157 31933191 (nur WhatsApp), www.cafe-kruemelkeks.de

Isi's süße Welt: Candy-Bar mit loser Ware. Ferner kann man Dinge wie eine Popcornmaschine, eine Zuckerwattemaschine oder einen Crêpe-Maker leihen. Die Inhaberin hat sich nämlich auf den Verleih von, wie sie das nennt, Fun-Food-Geräten und Zubehör spezialisiert. Pekunstraße 50, 12685 Berlin, Tel. (030) 549824 88 / 0151 648 2488, www.suesse welt-berlin.de

LICHTENBERG

Canapé – Bäcker und Café

Ein gemütliches Oma-Style-Café, das eigenwilliger ist als viele andere auf alt getrimmte Cafés, ist das *Canapé*. Hier sitzt man ebenso idyllisch wie nostalgisch zwischen geschwungenen, dunklen Holzmöbeln oder auf dem schönen, großen, gestreiften *Canapé*. Die Inhaber des Cafés sammeln Emaille-Schilder aller Art. Die Wände sind über und über mit alten, kuriosen und besonderen Schil-

dern bedeckt – das *Canapé* ist ein Museum. Mir haben die alten Kakaoschilder besonders gut gefallen. Eine interessante Mischung an Antiquitäten und Trödel findet sich im *Canapé*, es gibt auch einige Bücher. Ein bisschen wird man an Zilles Berlin erinnert. Heinrich Zille lebte fünf Jahre im Kaskelkiez, früher eine Arbeitergegend, und hat hier viele seiner Impressionen festgehalten.

Die hausgebackenen Kuchen sind saftig-frisch und günstig im Vergleich zur Innenstadt. Wer's nicht so süß mag, für den gibt's diverse Canapés. Außerdem locken leckere Frühstücksangebote. Hier kann man die Zeit vergessen und sich ein bisschen altberlinerisch fühlen.

Canapé:
Pfarrstraße 120, 10317 Berlin
Tel. (030) 577 941 23
www.canape-berlin.com

Nadia + Kosta

In der Türrschmidtstraße im Kaskelkiez ist dieses kleine inhabergeführte Café ein Geheimtipp für auf süßen Spuren wandelnde Innenstädter oder entdeckungsfreudige Berlinbesucher. Mit seinen leuchtend roten Fenster- und Türrahmen und der gestreiften Markise kann man das Café zum Glück nicht übersehen. Drinnen überzeugt ein stilsicherer Vintage-Mix. An einer lauschigen Ecke ge-

legen, kann man auch vor der Tür ruhig sitzen. Die Speiseauswahl ist vielseitig und qualitativ überzeugend. Die heiße Schokolade muss explizit gelobt werden, ebenso die handgefertigten Torten und Kuchen. Meine Empfehlung: die *Schokomousse-Himbeer-Torte*! Sehr gut sind auch die Waffeln mit frischen Erdbeeren und gutem Eis. Alles wird liebevoll angerichtet. Man merkt, wie verbunden das Inhaberpaar dem eigenen Café

ist – man möchte wirklich, dass der Gast sich wohl fühlt. Hier kann man auch mal ein paar Seiten mehr in einem Buch lesen, ohne dass man mit Blicken aufgefordert wird, nachzubestellen.

Das *Nadia + Kosta* ist längst eine feste Kiezgröße und feiert bereits sein zehnjähriges Jubiläum. Achtung, im Sommer kann es abends rummelig werden. Viele junge Leute sind im Kaskelkiez unterwegs.

Nadia + Kosta:
Türrschmidtstraße 31, 10317 Berlin,
Tel. 0178 289 5049
www.facebook.com/Cafe-Nadia-Kosta

KÖPENICK

Altstadtcafé Cöpenick

Köpenick ist ziemlich jwd, sehr eigen und aus Sicht seiner Bewohner nicht wirklich zu Berlin gehörig. Man besitzt viel Lokalpatriotismus und bleibt gern »unter sich«. Man findet hier Kopien historischer Straßenschilder, Frakturschrift im öffentlichen Raum – und fühlt sich ein bisschen in vergangene Zeiten zurückversetzt. Vor dem imposanten Rathaus steht ein alter Herr mit Leierkasten und lächelt mir zu. Und natürlich stolpert man ständig über den *Hauptmann von Köpenick* (aus Carl Zuckmayers weltberühmtem Theaterstück von 1931), ob als lebensgroße Bronzeskulptur vorm Rathaus, als Porzellanfigur im Schaufenster oder als »Hauptmann-Menü« auf den Speisekarten. Wo aber schlägt das süße Herz dieses Stadtbezirks? Das *Altstadtcafé Cöpenick* sieht genauso aus, wie es klingt: Spitzenvorhänge, Kellnerinnen mit lieblichen Häubchen und Schürzchen, schwere dunkle Möbel, schöne Vitrinen mit altem Porzellan und allerlei Tand – ein Traum wie bei Großtante Erna. Hier kann man in die Kissen sinken und die Zeit verstreichen lassen. Es lockt aber auch der an der Uferpromenade gelegene Café-Garten. Von hier hat man eine wunderbare Aussicht auf den Zusammenfluss von Spree und Dahme. Und wenn man genau schaut, kann man den Hauptmann von Köpenick über den Zaum klettern sehen …

Falls Sie sich fragen, warum das Café Cöpenick sich mit C schreibt: Bis 1931 hieß Köpenick Cöpenick. Aus dieser Zeit stammt das Café jedoch nicht: Es wurde im Jahr 2000 gegründet. Man blickt hier eben einfach gern zurück.

Altstadtcafé Cöpenick:
Alt-Köpenick 16, 12555 Berlin
Tel. (030) 654 740 69
www.altstadtcafe.de

Weitere Empfehlungen für Köpenick:

Chocolaterie Catherine: Eine tolle Auswahl für den gehobenen Schokoholic: Feinste, handgefertigte Pralinen und Tafelschokoladen, Nussbruch, Hohlfiguren, schokolierte Früchte und Kakaonibs, dragierte Mandeln, Trinkschokoladen und Schokolikör ... Im Café kann man hervorragenden Kaffee und Kuchen genießen. Grünstraße 17, 12555 Berlin, Tel. (030) 683 276 28, www.chocolaterie-catherine.de

Café Antoni: Minimalistisches, modernes schönes Café. Zu empfehlen: heiße Schokolade mit Zimt und Kardamom oder ein Tee namens *Die hübsche Gräfin und der Süden* (Rooibos, Kakaoschalen, Lemongrass, Südseefrüchte und mehr, Teemischungen werden in Berlin hergestellt). Gutes Kuchen- und Waffel-Angebot! Grünstraße 10, 12555 Berlin, Tel. (030) 644 326 45, www.cafe-antoni-berlin.de

REINICKENDORF

Konditorei &
Café Kandulski

Über 180 000 Polen leben in Berlin, viele von ihnen seit Jahrzehnten. Doch was die polnische Ess- und Trinkkultur angeht, sind die Deutschen nicht sehr informiert. Sie verbinden damit häufig Rote-Beete-Suppen, eingelegte Gurken und Krautsalat, Bier und Hochprozentiges. Dabei sind die Polen ausgezeichnete Tortenbäcker! Davon kann man sich in der *Konditorei Kandulski* überzeugen, einem Familienunternehmen mit langer Tradition. In Reinickendorf, unweit vom Tegeler See, befindet sich das schlichte, aber einladende Café mit gemütlichen Sesseln. An den Wänden hängen Fotos von unglaublichen Torten, dreistöckig, imposant, zart oder gewaltig. Die Familie hinter der *Cukiernia Kandulski* lebt in Polen und Deutschland. Man ist stolz darauf, durch »harte Arbeit« und »große Leidenschaft« (Familienchronik) ein Netzwerk an Geschäften und Cafés aufgebaut zu haben. Es gibt Läden in Posen, Baranów, Kościan, Śrem, Piła »und sogar in Berlin«, wie nicht ohne Stolz verkündet wird. Gebacken und konfektioniert wird jedoch im Heimatland. Die Tortenwunderwerke werden mehrfach die Woche aus Posen gebracht. Dort gibt es viele Hände der großen Kandulski-Familie, die mit anpacken können, wenn es mal wieder Bestellungen »regnet«. Zum Beispiel vor so manchen katholischen Feiertagen.

Als ich im *Kandulski* bin, herrscht ein reges Kommen und Gehen. Eine Gruppe junger Frauen nimmt erst einmal den Tisch in Augenschein, auf dem Flyer mit Informationen zu Kulturveranstaltungen und Gottesdiensten in polni-

scher Sprache in Berlin aus-
liegen. Doch dann stürzen die
Frauen an die beiden gut be-
stückten Vitrinen. Sahnetorten dominieren die Optik. Das
Highlight für Schokofans ist
die *Chicago-Torte*, eine viel-
schichtige Angelegenheit, im-
ponierend, wie Wolkenkrat-
zer. Neben mir wird über die
Auswahl beratschlagt. Dass es
auch köstlich aussehende Tartes, Törtchen, Pralinen, Petit
Fours und anderes Kleingebäck gibt, macht die Entscheidung nicht leichter. Die Be-
dienung lächelt uns zu. Jetzt
haben die Damen ihre gewich-
tige Entscheidung gefällt. Die
ersten gehen auf die Sessel zu.
Und schon werden die Kalo-
rienbomben auf Stilettos he-
ranbalanciert. *Smacznego!*

Kandulski:
Café & Konditorei, Berliner Straße 10, 13507 Berlin
Tel. (030) 503 459 38
www.kandulski-torten.de

Kaffeehaus Zeltinger

Eines der schönen Dinge an Berlin ist: Selbst als gebürtige Berlinerin kann man immer wieder neue Ecken entdecken, die man noch nie gesehen hat. So erging es mir beim Besuch des schönen Zeltinger Platzes, einem 1910 angelegten echten Jugendstil-Juwel im Reinickendorfer Stadtteil Frohnau (zusammengesetzt aus den Worten »froh« und »Aue«). Der Zeltinger Platz rangierte bei einer Umfrage des *Tagesspiegel* im Frühjahr 2020 unter Berlins zehn schönsten Plätzen. Frohnaus Einwohner besitzen einen ausgesprochenen Regionalstolz. Fünf Jahre nach der Errichtung des Jugendstil-Platzes übernimmt der Konditormeister Otto Herrmann eine »kleine Bäckerei und Conditorei mit Café« und erweiterte diese durch den Anbau einer großzügigen Veranda und eines Kaffeegartens. Das Café floriert. Betuchte Berliner, »schnieke Leute« aus den damals besten Wohnvierteln um den Ku'damm, fahren in ihren Kutschen aufs Land. Frohnau gehört noch nicht zu Berlin. Es locken die frische Luft und der nahe gelegene Polo-Platz. Der Zeltinger Platz gilt zudem als modern, der Tortengenuss ist in Mode. Doch nach Krieg und Mauerbau beginnen für die Kaffeehäuser, die den Krieg überstanden haben, schwierige Zeiten. Der Randbezirk Frohnau entwickelt sich zum Mauerblümchen. Das von der Roten Armee zerstörte *Café Herrmann* eröffnet in deutlich geschrumpfter Form als kleines Café mit Eisdiele. In den folgenden Jahren wechseln die Inhaber und der Name.

Erst im Jahr 2009 verwandelt sich das ehemalige *Café*

Herrmann in das *Kaffeehaus Zeltinger*. Wie in den 1920er Jahren kommen viele Ausflügler »aus der Stadt«, wie man noch heute sagt. Besonders schön sitzt es sich im *Zeltinger* in der sogenannten Loge. Es handelt sich um den Kiosk-Bereich des *Cafés Herrmann*, in dem früher Eis verkauft wurde.

Das *Zeltinger* offeriert eine hervorragende Torten- und Kuchenauswahl und lädt zum Schlemmen ein. Die Vielseitigkeit der Tee-Karte hat mich überrascht. Ich empfehle den *Engelskuss* mit Rosenblüten. Will man den Tee wieder loswerden, erlebt man eine Überraschung: Im WC-Bereich erzählt eine Lautsprecherstimme die Geschichte Frohnaus und die Historie der Traditionscafés. Das entsprechende Hörbuch *Alles im Grünen Bereich – Unerhörtes aus Frohnau* kann man im Café käuflich erwerben. Die Freundlichkeit des Personals in dem großen, belebten Café muss erwähnt werden. Auch wenn die Frohnauer damals dagegen gestimmt haben: Frohnau als Ortsteil von Reinickendorf gehört nun seit genau 101 Jahren zu Berlin. Zum Glück!

Kaffeehaus Zeltinger:
Zeltinger Platz 1A, 13465 Berlin
Tel. (030) 401 10 17
www.kaffeehaus-zeltinger.de

SPANDAU

Konditorei Fester

Im Jahr 1920 schließen sich Berlin, sieben weitere Stadtgemeinden, 59 Landgemeinden und 27 Gutsbezirke zu Groß-Berlin zusammen. Das war der Beginn der modernen Metropole an der Spree und der Goldenen Zwanziger: Ende des Jahrzehnts war Berlin nach London und New York die drittgrößte Stadt der Welt (heute rangiert Berlin übrigens an 114. Stelle). Einer dieser eingemeindeten Stadtkreise war Spandau. Bis heute hat sich dieser Bezirk eine große Eigenständigkeit bewahrt. Wenn man durch die Fußgängerzone der Spandauer Altstadt läuft (hier werden übrigens alle Straßennamen in Fraktur geschrieben), landet man unweigerlich auf dem alten Markplatz und damit vor der *Konditorei Fester*. Seit 1926 ist das Familienunternehmen in Spandau angesiedelt. Gegründet wurde die Konditorei von Hellmuth Fester, dem Großvater der heutigen Eigentümerin. Im *Fester* hält man viel auf das klassische Konditorenhandwerk; im Haus gibt es eine eigene Backstube. Dass das *Fester* ein wenig aus der Zeit gefallen wirkt, macht es so reizvoll. Im Eingangsbereich begeistert eine runde Riesenvitrine wie aus einem Zwanziger-Jahre-Film mit einer vielstöckigen Pyramide aus Pralinen in dekadenter Menge – es müssen mehrere Hundert sein. Eine gewaltige Jugendstillampe spendet Licht. Man setzt auf Üppigkeit, Pracht, pralinesken Luxus, Glanz und Gloria, nicht auf neuen Minimalismus. Drei prächtige Kronleuchter setzen die üppig bestückte Riesenvitrine wirkungsvoll in Szene. Die Kuchenauswahl stellt ebenfalls eine Zeitreise dar: *As-*

bach-Uralt-Torte, *Herrentor-te*, *Mozarttorte*, *Wiesbadener*, dazu kann man ein Tässchen *Rüdesheimer* oder einen *Pharisäer* serviert bekommen, zum Abend vielleicht eine *Königinpastete mit Kalbsragout*? Drinnen sitzt das Volk auf klassischen Thonet-Stühlen. Das Herz von Spandau zieht alle an: Jung und Alt, Familien mit Kleinkindern und Omas in weißen Strickjacken und in

Wellen gelegtem blaustichigen Haar sitzen hier Tisch an Tisch.

Auf die Frage, ob sie nicht Angst habe, ihr Konditorei-Café würde mit den Alten »wegsterben«, gab die Enkelin vom Gründer und heutige Inhaberin, Heike Rödiger, schon mal eine pfiffige Antwort: »Sie glauben es gar nicht: Es gibt immer wieder neue Alte.« Und die Jungen finden das alte *Fes-*

ter irgendwie urig und kultig. Das ist es auch. 1953 bestellten die Briten (Spandau gehörte zum britischen Sektor) zur Krönung von Königin Elizabeth II. deren Throninsignien in Zucker und Marzipan bei *Fester*. Curd Jürgens war hier zu Gast und Helmut Kohl.

Übrigens: Das *Fester* ist immer noch ein Schnipselcafé! Das bedeutet: Man wählt an der Theke etwas aus, erhält hierfür einen Zettel mit Nummer, den man am Tisch bei der Getränkebestellung abgibt. Wo findet man so etwas heute noch?

Konditorei Fester:
Markt 4, 13597 Berlin
Tel. (030) 333 58 72
www.konditorei-fester.de

Florida Eiscafé

Nur ein Jahr später als die *Konditorei Fester* wurde die *Florida-Eis Manufaktur* in Spandau gegründet: 1927. Sie ist über die Stadtgrenzen hinaus ein echter Berliner Klassiker. Beim Betreten des Cafés in der Klosterstraße fühlt man sich angesichts von all dem poppig-bunten Plastik in die achtziger Jahre des letzten Jahrhunderts zurückversetzt. Witzig sind die Tischlampen im Eistüten-Design. Auf jedem Tisch »brennt« eine bunte »Eis-Kugel« in einem anderen Licht. Man findet sich in einer fröhlich-naiven Ice-Cream-Welt wieder. Preislich ist man zum Glück auch hinterm Rohrdamm geblieben. Über 60 Eissorten hat *Florida* im Angebot. Neben Klassikern finden sich Innovationen (*Schneewittchens Bratapfel*, *Creme Holunder*, *Zimt*) und einzelne Tribute an den Zeit-geist (*Lime Pie*, *Latte Macchiato*). Im Eiscafé gibt es zudem eine Crêperie, die sich großer Beliebtheit erfreut. Auch Alkoholisches wie Sekt, Bier und Glühwein ist im Angebot, damit die ganze Spandauer Familie auf ihre Kosten kommt. Und tatsächlich, hier sitzen Groß und Klein, Opa und Enkel, und lassen den Abend unterm bunten Licht ihrer Eistütenlampen ausklingen.

Das *Florida-Café* hat unter der Woche bis 21 Uhr, am Wochenende bis 22 Uhr geöffnet. Auch an kalten Wintertagen ist es keinesfalls leer. Spandauer Pärchen treffen sich hier zum Stelldichein, um bei *Bratapfel-Eis* und Glühwein ins Schunkeln zu geraten. Familiengeburtstage werden hier gefeiert mit *Pinocchio-Bechern* für die Kleinen, *Spaghetti-Eis* für die Jugend und *Eierlikör-Sundaes* für die Älte-

ren. Kurioser Ort. So etwas hält sich in Berlin. In sechs Jahren wird die *Florida-Eis Manufaktur* 100 Jahre alt!

Florida Eis green Café:
Klosterstraße 15, 13581 Berlin
Tel. (030) 364 035 50
www.floridaeis.de

STEGLITZ – ZEHLENDORF –
KLEINMACHNOW

Das Café in der Gartenakademie

Schöner kann man nicht sitzen: Das *Café in der Gartenakademie* lädt zum Verweilen und Schmausen in Gewächshäusern und auf einer Wiese unter schattigen Bäumen ein. Doch man kann das Café schnell verfehlen: Auf der Altensteinstraße weist nur ein kleines Schild auf diesen besonderen süßen Ort hin. Das hat den Vorteil, dass hier nur herkommt, wer wirklich hinwill. Das Café ist in einen sehr weitläufigen wunderschönen Blumen- und Pflanzenladen unter freiem Himmel mit Beeten, Ständen und kleinen Pavillons integriert. Dieses Café ist zu jeder Jahreszeit, draußen oder in den Gewächshäusern, ein toller Ort, um von der Großstadt Abstand zu nehmen und Natur – garniert mit »süß« – zu genießen. Natürlich kann man hier (in der *Königlichen Garten-* *akademie*) selber Pflanzen kaufen. An einem Ort wie diesem ist es für die beiden engagierten Café-Betreiberinnen selbstverständlich, dass sich die Jahreszeiten nicht nur auf das Angebot ihrer Gärtnerei beziehen, sondern sich auch im kulinarischen Angebot widerspiegeln. Einen Großteil seiner Produkte bezieht das Café aus Berlin und Brandenburg; wenn möglich werden bio-zertifizierte Produkte verwendet. Für die Speisen gibt es wechselnde länderbezogene Themen. So lecker und gesund die herzhaften Angebote in der *Gartenakademie* sind, umso erwähnenswerter ist die große Kuchentheke mit äußerst schmackhaften Torten und Kuchen, die den Eintrag in *Das süße Berlin* rechtfertigt: Besonders die Obsttorten sind hervorragend. Die *Wölkchen-Erdbeer-Rhabarber-*

Torte, die *Mango-Maracuja-Torte*, die *Blaubeer-Buttermilch-Torte* oder die *Himbeer-Joghurt-Torte* begeistern mit guten Zutaten, frischem Obst und wenig Zucker. Die *Mango-Maracuja-Torte* ist so gut, dass ich an einem Nachmittag zwei Stück bestellt habe! Die *Schokoladen-Orangen-Torte* wäre ebenfalls ein Kandidat für Wiederholungstäter. Auch die erfrischende hausgemachte Limonade ist zu empfehlen. Das *Café in der Gartenakademie* ist so außergewöhnlich, dass selbst dem Pittoresken und Lieblichen sonst eher abholde urbane Innenstadt-Geister sich gelegentlich hier einfinden und die gestresste Seele baumeln lassen.

Kaum einer verlässt das Café, ohne durch den parkähnlichen Open-Air-Pflanzenladen zu wandeln und das eine oder andere für Balkon, Terrasse oder Garten zu erstehen. Der Besuch des Cafés lässt sich gut mit einem Aufenthalt des berühmten *Botanischen Gartens* verbinden, dessen Geschichte bis ins 16. Jahrhundert zurückreicht. Mit 22 000 Pflanzenarten auf über 43 Hektar und 15 großen Schaugewächshäusern ist der *Botanische Garten Berlin* der größte in Deutschland.

Das Café in der Gartenakademie:
Altensteinstraße 15 a, 14195 Berlin
Tel. (030) 832 209 029
www.dascafeindergartenakademie.de

Doçura +
Schokoladenkammer

Das *Doçura*-Süßwarenge-schäft ist ein Muss für Freundinnen und Freunde des Süßen und ein bisschen Verrückten! 2001 gegründet, gehört *Doçura* zu den Pionier-läden der neuen süßen Welle in Berlin. Hinter *Doçura* ste-hen die Brasilianerin Mari-na Pereiro Monteiro und der Deutsche Jascha Kappelmey-er. Der Name *Doçura* stammt aus dem Portugiesischen und heißt Süße oder auch Sanft-mut. Marina Pereiro Montei-ro kam als Siebenjährige nach Berlin. Sie und ihr Mann wa-ren zunächst in Branchen tä-tig, die nichts mit süßen Din-gen zu tun hatten. Es war »pure Passion«, wie Monteiro sagt, und der Wunsch nach einem ruhigeren, süßeren Leben, der sie dazu brachte, das Fach zu wechseln. »Da-mals gab es noch kaum rich-tig schöne moderne Scho-koladengeschäfte. Die Prali-nenläden wirkten reichlich angestaubt.« Sie eröffnen erst in Friedenau, dann in Kreuz-berg Geschäfte.

Bei *Doçura* gibt es alles, was das Inhaberpaar selber lecker, kultig, schräg und interessant findet. Und so überzeugt hier eine bunte und doch nicht beliebige Mischung von Qua-litätsschokolade bis hin zu Schaumzuckertieren für Kin-der, die sich nach der Schule eine Kleinigkeit für 20 Cent kaufen möchten. Die Auswahl hat einen Hang zum Exoti-schen, Bunten, Kuriosen und Seltenen – man merkt, dass die beiden eine gute Verbin-dung zur portugiesischen und spanischen Schokosphäre ha-ben.

Doçura hat heute zwei Standorte in Berlin, einen im Westteil der Stadt – in der Zos-sener Straße in Kreuzberg und

einen im Osten, in Kleinmachnow, nur wenige hundert Meter vor den Toren Zehlendorfs gelegen. An beiden Standorten besticht die liebevolle Gestaltung der Laden-Cafés. Der zweite Standort ist erst kürzlich hinzugekommen. Heute stehen die Kleinmachnower – und auch der eine oder andere treue Zehlendorfer – vor der *Schokoladenkammer* (so heißt der neue Laden von *Doçura*) in der Karl-Marx-Straße 21 Schlange oder sitzen draußen auf der Terrasse mit ihrem Kaffee. Hier gibt es nun wieder *Kuba-Zigaretten* (aus Schokolade) von *Venchi*, *Victorinox*-Taschenmesser (aus Schokolade), sehr leckere Obstschokoladen von *Pichler*, *Figuritas de Mazapán*, *dubledone*, *Marshmallow-Happen*, *Tony Chocolonely*, einige schräge Sorten von *Zotter*,

Nutty Thins (für Nussliebhaber), saure *Nerds* aller Art, Lakritz und ungewöhnliche Bonbons und Lollys. Kurz gesagt: Man fühlt sich wie auf einem Trödelmarkt fürs Süße! Alles ist liebevoll arrangiert, Fünfziger-Jahre-Mobiliar und ein toller Leuchter erinnern an die Zeit, in der man noch nicht bei eBay »trödelte«, sondern auf Flohmärkten.

Doçura:
www.docura-berlin.de
Schokoladenkammer, Karl-Marx-Straße 21
14532 Kleinmachnow
Tel. (033 203) 430 163

Kreuzberg:
Doçura, Zossener Straße 20, 10961 Berlin
Tel. (030) 817 973 99

Weitere Empfehlungen für Steglitz, Zehlendorf und Kleinmachnow:

Walter Confiserie: Teltower Damm 27, 14169 Berlin, www.walter-confiserie.de (s. S. 77)

Café Krone: Familienunternehmen mit bestem Kuchen am Mexikoplatz. Gutes Brot. Leckeres Frühstück. Argentinische Allee 2, 14163 Berlin, Tel. (030) 802 705 3, www.cafe-krone-mexikoplatz.de

Gutes von Busch: Sympathisches, individuell eingerichtetes Laden-Café mit engagiertem Team. Schokoladentafeln, Pralinen, Kaffee, Tee, Öle, schöne Papeteriewaren, Postkarten und Bücher laden zum Shoppen, Schmökern und Schnabulieren ein. Der Kaffee und die heiße Schokolade sind sehr gut. Man kann auch draußen sitzen. Matterhornstraße 52-54, 14129 Berlin, Tel. (030) 683 258 84, www.gutesvonbusch.de

Confiserie Reichert: Seit 1882 ist der Name Reichert fester Bestandteil der Berliner Kaffeehauskultur. Schloßstraße 96, 12163 Berlin, www.confiserie-reichert.com

Süße Orte in bitteren Zeiten?

Wir haben viele süße Orte kennengelernt, doch werden diese wunderbaren Orte – Cafés, Manufakturen, Confiserien und Konditoreien – langfristig die Pandemie und die Gentrifizierung vieler Stadtteile überstehen? Wie viele süße Orte werden noch schließen müssen? Das weiß derzeit niemand. Die *Corona-Soforthilfe* hat es einigen Berliner Kleinunternehmen ermöglicht, erst einmal weitermachen zu können. Aber es ist fraglich, ob diese finanzielle Unterstützung nur ein Tropfen auf den heißen Stein gewesen sein wird. Immerhin: In Berlin durften Confiserien und Konditoreien während der Lockdowns geöffnet bleiben, da sie Lebensmittel verkaufen. Törtchen sind eben systemrelevant. Cafés blieben natürlich geschlossen. Immerhin, der Zusammenhalt untereinander ist groß: So berichtete der Konditor Tobias Menge von der Steglitzer Traditionsconfiserie *Reichert* über die Solidarität innerhalb der Konditoren-Szene. Über eine Whats-App-Gruppe tauschten sich Konditoren in ganz Deutschland darüber aus, »wie man sich jetzt über Wasser halten kann« und welche Öffnungszeiten sinnvoll sein könnten. Man gab sich »kleine Tipps« untereinander. So wurde der Rat verbreitet, es mal mit Klopapiertorten (Torten in Klopapier-Optik) zu versuchen: Diese Torten waren dann überall der Renner, auch bei *Reichert*. Tja, die Deutschen und ihre Vorlieben.

Es bleibt abzuwarten, wie stark sich die süße Szene Berlins verändern wird. Einige »süße Orte«, die ich bereits für dieses Buch porträtiert hatte, mussten aufgeben, u. a. die *Zuckerfee* (Prenzlauer Berg), *Kastanientörtchen* (Prenzlauer Berg), *Barcomi's* (Mitte), *Paul Möhring – Tradition & Wahnsinn* (Mitte), *Dubenkropp* (Charlottenburg) oder der *Salon Sucre* (Kreuzberg).

Eines ist uns als Kunden möglich: Wir können diese wunderbaren, oft besonders liebens- und erhaltenswerten Geschäfte – nicht selten Ein-Frau- oder Ein-Mann-Unternehmen – mit unserem Appetit auf Köstliches unterstützen. Damit es sie noch in Zukunft geben kann.

Bibliografie – Empfehlungen

Isabelle Azoulay: Josty. Eine Liebe zwischen Berlin und Sils Maria. Elfenbein, Berlin 2009

Walter Benjamin: Die Speisekammer, in: Berliner Kindheit um 1900. Suhrkamp, Frankfurt am Main 2010

Georg Bernardini: Der Schokoladentester. Die besten Schokoladen und Pralinen der Welt. Was dahinter steckt und worauf wir gern verzichten. Georg Bernardini, Bonn 2012

Jens Bisky: Berlin – Biographie einer großen Stadt. Rowohlt Berlin, Berlin 2019

Cathrin Brandes, Florian Bolk: Sweet Berlin. Die Stadt nascht. Le Schicken, Berlin 2015

Jürgen Bluhm: Schokolade. Das Geheimnis vom Glück. Edition Bildperlen, fotoforum Verlag, Münster 2019

Davide Calfi, Evelyn Daviddi: Ich liebe Schokolade! Annette Betz, München – Wien 2004

Leo Colze: Berliner Warenhäuser. In: Großstadtdokumente, Band 47. Hermann Seemann Nachf., Berlin/Leipzig 1908. Nachdruck bei Fannei & Walz, Berlin 1989

Roald Dahl: Charlie and the Chocolate Factory. Alfred A. Knopf, New York 1964

Sophie und Michael D. Coe: Die wahre Geschichte der Schokolade. S. Fischer, Frankfurt am Main 1997

Tanja Dückers: Schoko Doki. Geschichten einer Schokoladenliebhaberin. Mit farbigen Zeichnungen von Petrus Akkordeon. bübül – die Bücher mit dem Büffel, Berlin 2018

Tanja Dückers: Kinderschokolade (Thema: Kinderarbeit und Schokolade). Amnesty

Journal, Amnesty International, Berlin 2013 (https://www.amnesty.de/journal/2013/dezember/kinderschokolade)

Tanja Dückers: Mein altes West-Berlin. be.bra, Berlin 2016

Hannelore Ellersiek: Von der alten Apotheke bis zum Zauberladen. Traditionelle und besondere Läden in Berlin. Sutton, Erfurt 2008

Laura Esquivel: Bittersüße Schokolade. Roman. Suhrkamp, Frankfurt am Main 2007

Rita Gudermann, Bernhard Wulff: Der Sarotti-Mohr. Die bewegte Geschichte einer Werbefigur. Christoph Links, Berlin 2005

Nino Haratischwili: Das achte Leben (Für Brilka). Roman über eine georgische Schokoladen-Dynastie. Frankfurter Verlagsanstalt, Frankfurt am Main 2014.

Joanne Harris: Chocolat. Doubleday. United Kingdom 1999 (auf diesem Roman basierte der Spielfilm *Chocolat*)

Holger in't Veld: Schokoladen Rebellen. Der Sound der neuen Kakao-Kultur. Eichborn, Frankfurt am Main 2010

Mascha Kaléko: Sämtliche Werke und Briefe in vier Bänden. Hg. von Jutta Rosenkranz. dtv, München 2012

Walter Kiaulehn: Berlin. Schicksal einer Weltstadt. Biederstein, München/Berlin 1958, 1969.

Wolfgang Koeppen: Romanisches Café. Suhrkamp, Frankfurt am Main 1972

Lehnaus Trostfibel und Gelächterbuch. Feuilletons. Rowohlt, Berlin 1932

Cas Lester: Sprichst Du Schokolade?. arsEdition, München 2018

Lorenz Maroldt/Harald Martenstein: Berlin in hundert Kapiteln, von denen leider nur dreizehn fertig wurden. Ullstein, Berlin 2020

Fiona McIntosh: Der Schokoladen Salon. blanvalet, Random House, München 2016

Antonia Meiners: 100 Jahre KaDeWe. Nicolaische Verlagsbuchhandlung, Berlin 2007

PEM (bürgerlich Paul Marcuse): Heimweh nach dem Kurfürstendamm. Aus Berlins glanzvollsten Tagen und Nächten, Berlin 1952. – Neuauflage: Zwischen zwei Kriegen. Aus Berlins glanzvollsten Tagen und Nächten. Transit, Berlin 2013

Birgit Poppe: Frauen und Schokolade. Thiele & Brandstätter, München und Wien 2012

Dom Ramsey: Das Schokoladenbuch. Von der Bohne bis zur Tafel. Dorling Kindererersley/Randomhouse, London/München 2016

Fabian Rehmann: Bean to Bar: Von der Kakaobohne bis zur Schokoladentafel. Das Praxisbuch. Leopold Stocker, Graz 2019

Rick Rodgers: Das Kaffeehaus. Christian, München 2011

Wilfried Rott: Die Insel. Geschichte Westberlins 1948-1990. C.H.Beck, München 2009

Schokolade – Geschichten über zartbittere Versuchungen. Hg. Anna von Planta. Diogenes, Zürich 2018

Michael Thiele: Süßes aus Tempelhof – Sarotti. In: Bezirksamt Tempelhof von Berlin (Hrsg.): Von Eisen bis Pralinen, Tempelhof und seine Industrie. Begleitbuch zur Ausstellung im November 2000

Dilek Topkara: Dilekerei. Torten – Törtchen – Tartes. Heel, Königswinter 2017

Vom Essen und Trinken, mit alten Illustrationen, Hg. Karin Kiwus und Henning Grunwald. Insel, Frankfurt am Main 1978

Sybil Volks: Café Größenwahn. Historischer Kriminalroman. Jaron, Berlin 2007

www.mitvergnuegen.com »Mit Vergnügen«, Online-Magazin über Berlins schöne Seiten mit einem Faible für Süßes, dem ich einige Anregungen zu verdanken habe.

www.esspress.eu »EssPress«, Deutschlands größte Gastrozeitung, immer lesenswert.

www.theobroma-cacao.de

Theobroma Cacao, Deutschlands größtes Schokoladenmagazin seit 1999

Spielfilme:

Willy Wonka & the Chocolate Factory, Regie: Mel Stuart, 1971 – mit Gene Wilder und Peter Ostrum, basiert auf dem Kinderbuch von Roald Dahl

Charlie and the Chocolate Factory, Regie: Tim Burton, 2005 – mit Johnny Depp und Freddie Highmore, zweite Verfilmung des Kinderbuchs von Roald Dahl

Chocolat, Regie: Lasse Hallström, 2000 – mit Juliette Binoche und Johnny Depp, basiert auf dem Roman »Chocolat« von Joanne Harris

Dokumentation:

www.ns-zwangsarbeit.de/recherche/spuren/schokolade/ (NS-Zwangsarbeit Dokumentationszentrum – Schokolade)

Geheimnisvolle Orte: Das KaDeWe. Deutschland, 2017, Buch und Regie: André Meier, Produktion: Telekult, RBB.

Willkommen, bienvenue, welcome: Das Kaufhaus des Westens in Berlin. Deutschland, 1995, Buch und Regie: Daniela Schmidt, Produktion: ZDF, »Kathedralen des Konsums«, Erstausstrahlung: ARTE, 10. Dezember 1995.

INKOTA-Netzwerk e. V., Chrysanthemenstraße 1-3, 10407 Berlin, Tel. (030) 420 820230. https://www.inkota.de (Das Inkota Netzwerk hat die Kampagne »Make Chocolate Fair!« lanciert.)

Dank

Mein Dank gilt den vielen Berliner Chocolatièren und Chocolatiers, Patissièren und Patissiers, Konditorinnen und Konditoren, Café-Inhaberinnen und -Inhabern, den Naschmarkt-Gründern Pamela Dorsch und Udo Tremmel und weiteren Süßschnäbeln für Auskunft, Rat und Unterstützung.

Danken möchte ich auch meinem Mann Anton Landgraf und unserem Sohn Emil Alexander für die Bereitschaft und den Appetit, über zwei Jahre einen nicht unerheblichen Teil unserer Freizeit für süße Recherchen zu nutzen.

Mein Dank gilt ebenso meinem Vater Alexander Dückers für den Austausch über die vielen Facetten Berlins, meiner Agentin Karin Graf, Marei Ahmia sowie meinen Lektorinnen Susanne Gretter und Gesine Dammel, die mir in Zeiten von Corona, als einige süße Orte geschlossen hatten und ihre Zukunft ungewiss war (und zum Teil noch ist), Mut machten, die erschwerte Arbeit an diesem Buch fortzuführen. Und siehe da, die meisten süßen Orte, wenn auch nicht alle, öffneten wieder ihre Pforten.